Entwurf eines Gesetzes

über das

Verlagsrecht.

Amtliche Ausgabe.

Berlin.
J. Guttentag, Verlagsbuchhandlung,
G. m. b. H.
1900.

Vorbemerkung.

Der vorliegende Gesetzentwurf lehnt sich an den im vorigen Jahre veröffentlichten Entwurf eines Gesetzes betreffend das Urheberrecht an Werken der Literatur und der Tonkunst an. Er hat nicht die weit reichende Bedeutung des letzteren Entwurfs, berührt vielmehr hauptsächlich nur die Interessen der Verleger und der Verfasser auf literarischem und musikalischem Gebiete. Er macht aber zum ersten Male den Versuch, das wesentlich unter dem Einflusse praktischer Lebensverhältnisse und technischer Bedürfnisse ausgebildete Verlagsrecht für Deutschland einheitlich zu ordnen und läßt deshalb eine frühzeitige Beurtheilung durch die öffentliche Kritik nützlich erscheinen.

Vor der Aufstellung des Entwurfs haben im Reichs-Justizamte Berathungen mit Sachverständigen stattgefunden. Zu den Berathungen waren zugezogen: Baudirektor, Professor von Bach, Stuttgart, Bachem, Verlagsbuchhändler, Köln a. Rh., Kommerzienrath Beck, München, Kommerzienrath Bock, Berlin, Brockhaus, Verlagsbuchhändler, Leipzig, Professor Dr. Bruch, Berlin, Geheimer Justizrath, Professor Dr. Brunner, Berlin, Engelhorn, Erster Vorsteher des Börsenvereins der Deutschen Buchhändler, Stuttgart, Justizrath Dr. Fischer, Berlin, Dr. von Hase, Verlagsbuchhändler, Leipzig, von Leixner, Schriftsteller,

Groß-Lichterfelde, Dr. Osterrieth, Schriftsteller, Berlin, Kapellmeister Rösch, Berlin, Geheimer Kommerzienrath Spemann, Stuttgart, Springer, Verlagsbuchhändler, Berlin, Dr. Strecker, Verlagsbuchhändler, Mainz, Sudermann, Schriftsteller, Berlin, Voigtländer, Verlagsbuchhändler, Leipzig, Geheimer Justizrath Wichert, Berlin, Musikdirektor Zöllner, Leipzig.

Die wissenschaftliche, die technische und die Unterhaltungsliteratur, der Buch- und Musikalienverlag, das Zeitungswesen haben auf diese Weise ihre Vertretung in den Vorberathungen gefunden.

Entwurf

eines

Gesetzes über das Verlagsrecht.

---

§ 1.

Durch den Verlagsvertrag über ein Werk der Literatur oder der Tonkunst wird der Verfasser verpflichtet, dem Verleger das Werk zur Vervielfältigung und Verbreitung für eigene Rechnung zu überlassen. Der Verleger ist verpflichtet, das Werk zu vervielfältigen und zu verbreiten.

Als Verfasser im Sinne dieses Gesetzes gilt derjenige, welcher mit dem Verleger den Vertrag geschlossen hat.

§ 2.

Der Verfasser hat sich während der Dauer des Vertragsverhältnisses jeder Vervielfältigung und Verbreitung des Werkes zu enthalten, die einem Dritten während der Dauer des Urheberrechts untersagt ist; dies gilt auch von der Vervielfältigung und Verbreitung in einer Gesammtausgabe oder in einem Sammelwerke.

Dem Verfasser verbleibt jedoch die Befugniß zur Vervielfältigung und Verbreitung:

1. für die Uebersetzung in eine andere Sprache;
2. für die Wiedergabe einer Erzählung in dramatischer Form oder eines Bühnenwerkes in der Form einer Erzählung;
3. für die Bearbeitungen eines Werkes der Tonkunst, sofern sie nicht blos in Auszügen oder in Einrichtungen für einzelne oder mehrere Instrumente oder Stimmen bestehen.

§ 3.

Beiträge zu einem Sammelwerke, für die dem Verfasser ein Anspruch auf Vergütung nicht zusteht, dürfen von ihm anderweit verwerthet werden, wenn seit dem Ablaufe des Kalenderjahrs, in welchem sie erschienen sind, ein Jahr verstrichen ist.

§ 4.

Auf Grund des Verlagsvertrags über ein Werk der Literatur steht die Befugniß, ein einzelnes Werk in eine Gesammtausgabe oder in ein Sammelwerk aufzunehmen sowie von einzelnen Theilen einer Gesammtausgabe oder eines Sammelwerkes eine Sonderausgabe zu veranstalten, dem Verleger nur zu, wenn dies im Vertrage bestimmt ist.

§ 5.

Soweit nicht ein Anderes vereinbart ist, hat der Verleger nur das Recht, eine Auflage zu veranstalten; jede Auflage ist auf einmal herzustellen.

Ist die Zahl der Abzüge nicht bestimmt, so steht die Bestimmung dem Verleger zu. Die Bestimmung erfolgt durch eine vor dem Beginne der Vervielfältigung dem Verfasser zu machende Mittheilung. Unterläßt der Verleger die Mittheilung, so darf er nicht mehr als eintausend Abzüge herstellen.

Ist dem Verleger das Recht eingeräumt, eine neue Auflage zu veranstalten, so gelten für diese im Zweifel die gleichen Abreden wie für die zuletzt erschienene Auflage.

§ 6.

Soll das Werk nicht in Auflagen erscheinen, so braucht die Herstellung der zulässigen Abzüge nicht auf einmal zu erfolgen. Der Verleger ist, sofern die Zahl der zulässigen Abzüge im Vertrage nicht bestimmt ist, berechtigt, eintausend Abzüge herzustellen.

§ 7.

Die üblichen Zuschußexemplare werden in die Zahl der zulässigen Abzüge nicht eingerechnet. Das Gleiche gilt von Freiexemplaren, soweit ihre Zahl den zwanzigsten Theil der zulässigen Abzüge nicht übersteigt.

Zuschußexemplare, die nicht zum Ersatz oder zur Ergänzung beschädigter Abzüge verwendet worden sind, dürfen von dem Verleger nicht verbreitet werden.

§ 8.

Gehen Abzüge, die der Verleger auf dem Lager hat, unter, so darf er sie durch andere ersetzen; er hat vorher dem Verfasser Anzeige zu machen.

§ 9.

In dem Umfang, in welchem der Verfasser nach den §§ 2 bis 8 verpflichtet ist, sich der Vervielfältigung und Verbreitung zu enthalten und sie dem Verleger zu gestatten, hat er, soweit nicht aus dem Vertrage sich ein Anderes ergiebt, dem Verleger das ausschließliche Recht zur Vervielfältigung und Verbreitung (Verlagsrecht) zu verschaffen.

§ 10.

Das Verlagsrecht entsteht mit der Ablieferung des Werkes an den Verleger und erlischt mit der Beendigung des Vertragsverhältnisses.

Soweit der Schutz des Verlagsrechts es erfordert, kann der Verleger gegen den Verfasser sowie gegen Dritte die Befugnisse ausüben, die zum Schutze des Urheberrechts durch das Gesetz vorgesehen sind.

§ 11.

Der Verfasser ist verpflichtet, dem Verleger das Werk in einem für die Vervielfältigung geeigneten Zustand abzuliefern.

§ 12.

Ist der Verlagsvertrag über ein bereits vollendetes Werk geschlossen, so ist das Werk sofort abzuliefern.

Soll das Werk erst nach dem Abschlusse des Verlagsvertrags hergestellt werden, so richtet sich die Frist der Ablieferung nach dem Zwecke des Vertrags und, soweit sich hieraus nichts ergiebt, nach dem Zeitraum, innerhalb dessen der Verfasser das Werk bei einer seinen Verhältnissen entsprechenden Arbeitsleistung herstellen kann. Einer Ueberschreitung der Frist, die durch eine anderweitige Thätigkeit des Verfassers erforderlich wird, kann der Verleger nur widersprechen, wenn er die Thätigkeit bei dem Abschlusse des Vertrags weder kannte noch kennen mußte.

§ 13.

Bis zur Beendigung der Vervielfältigung darf der Verfasser Aenderungen an dem Werke vornehmen, soweit nicht dadurch ein berechtigtes Interesse des Verlegers verletzt wird. Nimmt der Verfasser nach dem Beginne der Vervielfältigung eine Aenderung vor, so ist er verpflichtet, die hieraus entstehenden Kosten zu ersetzen; die Ersatzpflicht liegt ihm nicht ob, wenn Umstände, die inzwischen eingetreten sind, die Aenderung rechtfertigen.

§ 14.

Vor der Veranstaltung der Auflage hat der Verleger dem Verfasser zur Vornahme von Aenderungen Gelegenheit zu geben. Für diese Aenderungen gelten die Vorschriften des § 13.

§ 15.

Der Verfasser darf die nach den §§ 13, 14 zulässigen Aenderungen durch einen Dritten vornehmen lassen.

§ 16.

Der Verleger darf an dem Werke keine Aenderungen vornehmen.

§ 17.

Der Verleger ist verpflichtet, das Werk in der üblichen Weise zu vervielfältigen und zu verbreiten. Die Form und Ausstattung der Abzüge wird unter Beobachtung der im Verlagshandel herrschenden Uebung sowie mit Rücksicht auf Zweck und Inhalt des Werkes von dem Verleger bestimmt.

§ 18.

Der Verleger hat, nachdem ihm das vollständige Werk zugegangen ist, mit der Vervielfältigung zu beginnen und sie unverzüglich zu Ende zu führen. Erscheint das Werk in Abtheilungen, so ist mit der Vervielfältigung zu beginnen, sobald der Verfasser eine Abtheilung abgeliefert hat, die nach ordnungsmäßiger Folge zur Herausgabe bestimmt ist.

§ 19.

Der Verleger ist verpflichtet, diejenige Zahl von Abzügen herzustellen, welche er nach dem Vertrag oder gemäß den §§ 5, 6 herzustellen berechtigt ist. Er hat, sofern gemäß § 6 die Abzüge nicht auf einmal hergestellt worden sind, rechtzeitig dafür zu sorgen, daß der Bestand nicht vergriffen wird.

Ein Verleger, der das Recht hat, eine neue Auflage zu veranstalten, ist nicht verpflichtet, von diesem Rechte Gebrauch zu machen.

§ 20.

Der Verleger kann sich von der Pflicht zur Vervielfältigung und Verbreitung durch Kündigung des Vertrags befreien:

1. wenn der Zweck, welchem das Werk dienen sollte, nach dem Abschlusse des Vertrags weggefallen ist;
2. wenn Gegenstand des Verlagsvertrags ein Beitrag zu einem Sammelwerk ist und die Vervielfältigung des Sammelwerkes unterbleibt.

Mit der Kündigung endigt das Vertragsverhältniß; der Anspruch des Verfassers auf die Vergütung bleibt unberührt.

§ 21.

Werden von einem Sammelwerke neue Abzüge hergestellt, so ist der Verleger im Einverständnisse mit dem Herausgeber berechtigt, einzelne Beiträge wegzulassen.

§ 22.

Die Sorge für die Korrektur liegt dem Verleger ob. Zur Revision ist der Verfasser berechtigt, sofern er sie sich vor der Ablieferung des Werkes vorbehalten hat.

§ 23.

Die Bestimmung des Preises, zu welchem das Werk verbreitet wird, steht dem Verleger zu. Er darf den Preis ermäßigen, aber nicht ohne Zustimmung des Verfassers erhöhen.

Hängt die dem Verfasser gebührende Vergütung von der Höhe des Preises ab, so darf der Preis nur im Einverständnisse mit dem Verfasser bestimmt oder geändert werden.

§ 24.

Der Verleger ist verpflichtet, dem Verfasser die vereinbarte Vergütung zu zahlen. Eine Vergütung gilt als stillschweigend vereinbart, wenn die Ueberlassung des Werkes den Umständen nach nur gegen eine Vergütung zu erwarten ist.

Ist die Höhe der Vergütung nicht bestimmt, so ist eine angemessene Vergütung in Geld als vereinbart anzusehen.

§ 25.

Eine Vergütung, deren Höhe unbestimmt ist oder von dem Umfange der Vervielfältigung, insbesondere von der Zahl der Druckbogen, abhängt, wird fällig, sobald das Werk erschienen ist. Im Uebrigen ist die Vergütung bei der Ablieferung des Werkes zu entrichten.

§ 26.

Bestimmt sich die Vergütung nach dem Absatze, so hat der Verleger jährlich dem Verfasser für das vorangegangene Geschäftsjahr Rechnung zu legen und ihm, soweit es für die Prüfung erforderlich ist, die Einsicht seiner Geschäftsbücher zu gestatten.

§ 27.

Der Verleger eines Werkes der Literatur ist verpflichtet, dem Verfasser auf je hundert Abzüge ein Freiexemplar, jedoch im Ganzen nicht weniger als fünf und nicht mehr als fünfzehn zu liefern. Auch hat er dem Verfasser auf dessen Verlangen ein Exemplar in Aushängebogen zu überlassen.

Der Verleger eines Werkes der Tonkunst ist verpflichtet, dem Verfasser die übliche Zahl von Freiexemplaren zu liefern.

Von Beiträgen, die in Sammelwerken erscheinen, dürfen Sonderabzüge als Freiexemplare geliefert werden.

§ 28.

Der Verleger hat die zu seiner Verfügung stehenden Abzüge des Werkes zu dem niedrigsten Preise, für welchen das Werk von ihm abgegeben wird, dem Verfasser, soweit dieser es verlangt, zu überlassen.

§ 29.

Der Verleger ist verpflichtet, das Werk, nachdem es vervielfältigt worden ist, zurückzugeben, sofern der Verfasser sich vor dem Beginne der Vervielfältigung die Rückgabe vorbehalten hat.

§ 30.

Die Rechte des Verlegers aus dem Verlagsvertrage sind übertragbar. Die dem Verleger obliegende Vervielfältigung und Verbreitung kann auch durch den Rechtsnachfolger bewirkt werden.

Uebernimmt der Rechtsnachfolger dem Verleger gegenüber die Verpflichtung, das Werk zu vervielfältigen und zu verbreiten, so haftet er dem Verfasser für die Erfüllung der aus dem Verlagsvertrage sich ergebenden Verbindlichkeiten neben dem Verleger als Gesammtschuldner. Die Haftung erstreckt sich nicht auf eine bereits begründete Verpflichtung zum Schadensersatz.

§ 31.

Die Vorschriften des § 30 finden keine Anwendung, wenn die Befugniß, die Vervielfältigung und Verbreitung durch einen Anderen bewirken zu lassen, nach dem Verlagsvertrag ausgeschlossen ist.

§ 32.

Ist der Verlagsvertrag auf eine bestimmte Zahl von Auflagen oder von Abzügen beschränkt, so endigt das Vertragsverhältniß, wenn die Auflagen oder Abzüge vergriffen sind, oder wenn das Werk unverkäuflich geworden ist.

Der Verleger ist verpflichtet, dem Verfasser auf Verlangen Auskunft darüber zu ertheilen, ob die einzelne Auflage oder die bestimmte Zahl von Abzügen vergriffen, sowie darüber, ob das Werk unverkäuflich geworden ist.

Wird der Verlagsvertrag für eine bestimmte Zeit geschlossen, so ist nach dem Ablaufe der Zeit der Verleger nicht mehr zur Verbreitung der noch vorhandenen Abzüge berechtigt.

§ 33.

Wird das Werk ganz oder zum Theil nicht rechtzeitig abgeliefert, so kann der Verleger statt den Anspruch auf Erfüllung geltend zu machen, dem Verfasser eine angemessene Frist zur Ablieferung mit der Erklärung bestimmen, daß er die Annahme der Leistung nach dem Ablaufe der Frist ablehne. Zeigt sich schon vor dem Zeitpunkt, in welchem das Werk nach dem Vertrag abzuliefern ist, daß das Werk nicht rechtzeitig abgeliefert werden wird, so kann der Verleger die Frist sofort bestimmen; die Frist muß so bemessen werden, daß sie nicht vor dem bezeichneten

Zeitpunkt abläuft. Nach dem Ablaufe der Frist ist der Verleger berechtigt, von dem Vertrage zurückzutreten, wenn nicht das Werk rechtzeitig abgeliefert worden ist; der Anspruch auf Ablieferung des Werkes ist ausgeschlossen.

Der Bestimmung einer Frist bedarf es nicht, wenn die rechtzeitige Herstellung des Werkes unmöglich ist oder von dem Verfasser verweigert wird oder wenn der sofortige Rücktritt von dem Vertrage durch ein besonderes Interesse des Verlegers gerechtfertigt wird.

Der Rücktritt ist ausgeschlossen, wenn die nicht rechtzeitige Ablieferung des Werkes für den Verleger nur einen unerheblichen Nachtheil mit sich bringt.

Durch diese Vorschriften werden die im Falle des Verzugs des Verfassers dem Verleger zustehenden Rechte nicht berührt.

§ 34.

Die Vorschriften des § 33 finden entsprechende Anwendung, wenn das Werk nicht von vertragsmäßiger Beschaffenheit ist.

Beruht der Mangel auf einem Umstande, den der Verfasser zu vertreten hat, so kann der Verleger statt des im § 33 vorgesehenen Rücktrittsrechts auch den Anspruch auf Schadensersatz wegen Nichterfüllung geltend machen.

§ 35.

Wird das Werk nicht vertragsmäßig vervielfältigt oder verbreitet, so finden zu Gunsten des Verfassers die Vorschriften des § 33 entsprechende Anwendung.

§ 36.

Ist der Verleger zur Herstellung einer neuen Auflage oder einer weiteren Zahl von Abzügen berechtigt, aber nicht verpflichtet, so kann ihm der Verfasser zur Ausübung des Rechtes eine angemessene Frist bestimmen. Nach dem Ablaufe der Frist ist der Verfasser berechtigt, von dem Vertrage zurückzutreten, wenn nicht die Verbreitung rechtzeitig erfolgt ist.

Der Bestimmung einer Frist bedarf es nicht, wenn die Vervielfältigung und Verbreitung von dem Verleger verweigert wird.

§ 37.

Geht das Werk nach der Ablieferung an den Verleger durch Zufall unter, so behält der Verfasser den Anspruch auf die Vergütung. Im Uebrigen werden beide Theile von der Verpflichtung zur Leistung frei.

Auf Verlangen des Verlegers hat jedoch der Verfasser gegen eine angemessene Vergütung ein anderes im Wesentlichen übereinstimmendes Werk zu liefern, sofern dies auf Grund vorhandener Vorarbeiten oder sonstiger Unterlagen mit geringer Mühe geschehen kann; erbietet sich der Verfasser ein solches Werk innerhalb einer angemessenen Frist kostenfrei zu liefern, so ist der Verleger verpflichtet, das Werk an Stelle des untergegangenen zu vervielfältigen und zu verbreiten. Jeder Theil kann diese Rechte auch geltend machen, wenn das Werk nach der Ablieferung in Folge eines Umstandes untergegangen ist, den der andere Theil zu vertreten hat.

Der Ablieferung steht es gleich, wenn der Verleger in Verzug der Annahme kommt.

§ 38.

Stirbt der Verfasser vor der Vollendung des Werkes, so ist, wenn ein Theil des Werkes dem Verleger bereits abgeliefert worden war, der Verleger berechtigt, in Ansehung des gelieferten Theiles den Vertrag durch eine dem Erben des Verfassers abzugebende Erklärung aufrechtzuerhalten.

Der Erbe kann dem Verleger zur Ausübung des im Abs. 1 bezeichneten Rechtes eine angemessene Frist bestimmen. Das Recht erlischt, wenn sich der Verleger nicht vor dem Ablaufe der Frist für die Aufrechterhaltung des Vertrags erklärt.

Diese Vorschriften finden entsprechende Anwendung, wenn die Vollendung des Werkes in Folge eines sonstigen nicht von dem Verfasser zu vertretenden Umstandes unmöglich wird.

§ 39.

Bis zur Ablieferung des Werkes ist der Verfasser berechtigt, von dem Verlagsvertrage zurückzutreten, wenn der Verleger seine Rechte einem Dritten auf Grund eines Kaufvertrags überträgt, der nur über einzelne Werke geschlossen wird.

Bis zum Beginne der Vervielfältigung ist der Verfasser berechtigt, von dem Verlagsvertrage zurückzutreten, wenn sich Umstände ergeben, die bei dem Abschlusse des Vertrags nicht vorauszusehen waren und den Verfasser bei Kenntniß der Sachlage und verständiger Würdigung des Falles von der Herausgabe des Werkes zurückgehalten haben würden. Ist der Verleger befugt, eine neue Auflage zu veranstalten, so findet für die Auflage diese Vorschrift entsprechende Anwendung.

Erklärt der Verfasser auf Grund der Vorschrift des Abs. 2 den Rücktritt, so ist er dem Verleger zum Ersatze der von diesem gemachten Aufwendungen verpflichtet. Giebt er innerhalb zweier Jahre seit dem Rücktritte das Werk anderweit heraus, so ist er zum Schadensersatze wegen Nichterfüllung verpflichtet; diese Ersatzpflicht tritt nicht ein, wenn der Verfasser dem Verleger den Antrag, den Vertrag nachträglich zur Ausführung zu bringen, gemacht und der Verleger den Antrag nicht angenommen hat.

§ 40.

Wird über das Vermögen des Verlegers der Konkurs eröffnet, so finden die Vorschriften des § 17 der Konkursordnung auch dann Anwendung, wenn das Werk bereits vor der Eröffnung des Verfahrens abgeliefert worden war.

Besteht der Konkursverwalter auf der Erfüllung des Vertrags, so kann er die Rechte aus dem Vertrag auch in den Fällen des § 31 auf einen Anderen übertragen. Mit der Uebertragung tritt der Erwerber an Stelle der Konkursmasse in die sich aus dem Vertragsverhältniß ergebenden Verpflichtungen ein. Die Konkursmasse haftet jedoch, wenn der Erwerber die Verpflichtungen nicht erfüllt, für den von dem Erwerber zu ersetzenden Schaden wie ein Bürge, der auf die Einrede der Vorausklage verzichtet hat. Wird das Konkursverfahren aufgehoben, so sind die aus dieser Haftung sich ergebenden Ansprüche des Verfassers gegen die Masse sicher zu stellen.

War das Werk zur Zeit der Eröffnung des Verfahrens noch nicht abgeliefert, so hat der Verfasser das Recht, von dem Vertrage zurückzutreten.

§ 41.

Auf das in den §§ 33, 36, 39, 40 bestimmte Rücktrittsrecht finden die für das vertragsmäßige Rücktrittsrecht geltenden Vorschriften der §§ 346 bis 356 des Bürgerlichen Gesetzbuchs entsprechende Anwendung. Erfolgt der Rücktritt wegen eines Umstandes, den der andere Theil nicht zu vertreten hat, so haftet dieser nur nach den Vorschriften über die Herausgabe einer ungerechtfertigten Bereicherung.

§ 42.

Wird der Rücktritt von dem Verlagsvertrag erklärt, nachdem das Werk ganz oder zum Theil abgeliefert worden ist, so hängt es von den Umständen ab, ob der Vertrag theilweise aufrechterhalten bleibt. Es begründet keinen Unterschied, ob der Rücktritt auf Grund des Gesetzes oder eines Vorbehalts im Vertrag erfolgt.

Im Zweifel bleibt der Vertrag insoweit aufrechterhalten, als er sich auf die nicht mehr zur Verfügung des Verlegers stehenden Abzüge, auf frühere Abtheilungen des Werkes oder auf ältere Auflagen erstreckt.

Soweit der Vertrag aufrechterhalten bleibt, kann der Verfasser einen entsprechenden Theil der Vergütung verlangen.

Diese Vorschriften finden auch Anwendung, wenn der Vertrag in anderer Weise rückgängig wird.

§ 43.

Soll Gegenstand des Vertrags ein Werk sein, an dem ein Urheberrecht nicht besteht, so ist der Verfasser zur Verschaffung des Verlagsrechts nicht verpflichtet.

Verschweigt der Verfasser arglistig, daß das Werk bereits anderweit in Verlag gegeben oder veröffentlicht worden ist, so finden die Vorschriften des bürgerlichen Rechtes, welche für die dem Verkäufer wegen eines Mangels im Rechte obliegende Gewährleistungspflicht gelten, entsprechende Anwendung.

Der Verfasser hat sich der Vervielfältigung und Verbreitung des Werkes gemäß den Vorschriften des § 2 in gleicher Weise zu enthalten, wie wenn an dem Werke ein Urheberrecht bestände. Diese Beschränkung fällt weg, wenn seit der Veröffentlichung des Werkes durch den Verleger sechs Monate abgelaufen sind.

§ 44.

Im Falle des § 43 verbleibt dem Verleger die Befugniß, das von ihm veröffentlichte Werk gleich jedem Dritten von neuem unverändert oder mit Aenderungen zu vervielfältigen. Diese Vorschrift findet keine Anwendung, wenn nach dem Vertrage die Herstellung neuer Auflagen oder weiterer Abzüge von der Zustimmung des Verfassers oder von der Zahlung einer besonderen Vergütung abhängig ist.

§ 45.

Werden für eine Zeitung, eine Zeitschrift oder ein sonstiges periodisches Sammelwerk Beiträge zur Veröffentlichung angenommen, so finden die Vorschriften dieses Gesetzes Anwendung, soweit sich nicht aus den §§ 46 bis 50 ein Anderes ergiebt.

§ 46.

Sofern nicht aus den Umständen zu entnehmen ist, daß der Verleger das ausschließliche Recht zur Vervielfältigung und Verbreitung erhalten soll, verbleibt dem Verfasser die anderweite Verfügung über den Beitrag.

Ueber Beiträge, für welche der Verleger das ausschließliche Recht zur Vervielfältigung und Verbreitung erhalten hat, darf der Verfasser anderweit verfügen, wenn seit dem Ablaufe des Kalenderjahrs, in welchem sie erschienen sind, ein Jahr verstrichen ist.

§ 47.

Der Verleger ist in der Zahl der von dem Beitrage herzustellenden Abzüge nicht beschränkt.

§ 48.

Soll der Beitrag ohne den Namen des Verfassers erscheinen, so ist der Verleger befugt, an der Fassung solche Aenderungen vorzunehmen, welche bei Sammelwerken derselben Art üblich sind.

§ 49.

Wird der Beitrag nicht innerhalb zweier Jahre nach der Ablieferung an den Verleger veröffentlicht, so kann der Verfasser das Vertragsverhältniß kündigen. Mit der Kündigung endigt das Vertragsverhältniß; der Anspruch des Verfassers auf die Vergütung bleibt unberührt.

Ein Anspruch auf Vervielfältigung und Verbreitung des Beitrags oder auf Schadensersatz wegen Nichterfüllung steht dem Verfasser nur zu, wenn ihm der Zeitpunkt, in welchem der Beitrag erscheinen soll, von dem Verleger bezeichnet worden ist.

§ 50.

Erscheint der Beitrag in einer Zeitung, so kann der Verfasser Freiexemplare nicht verlangen.

Der Verleger ist nicht verpflichtet, dem Verfasser Abzüge zum Buchhändlerpreise zu überlassen.

§ 51.

Uebernimmt Jemand die Herstellung eines Werkes nach einem Plane, in welchem ihm der Besteller den Inhalt des Werkes sowie die Art und Weise der Behandlung genau vorschreibt, so ist der Besteller im Zweifel zur Vervielfältigung und Verbreitung nicht verpflichtet.

Das Gleiche gilt, wenn sich die Thätigkeit des Urhebers auf die Mitarbeit an encyklopädischen Unternehmungen oder auf Hülfs- oder Nebenarbeiten für das Werk eines Anderen oder für ein Sammelwerk beschränkt.

§ 52.

In bürgerlichen Rechtsstreitigkeiten, in welchen durch Klage oder Widerklage ein Anspruch auf Grund der Vorschriften dieses Gesetzes geltend gemacht ist, wird die Verhandlung und Entscheidung letzter Instanz im Sinne des § 8 des Einführungsgesetzes zum Gerichtsverfassungsgesetze dem Reichsgerichte zugewiesen.

Erläuterungen.

Das rechtliche Verhältniß der Urheber von Werken der Literatur und der Kunst zu den Verlegern dieser Werke ist weder im Bürgerlichen Gesetzbuche noch im Handelsgesetzbuche besonders geregelt worden. Gemäß Artikel 76 des Einführungsgesetzes zum Bürgerlichen Gesetzbuche sind vielmehr für das Verlagsrecht zur Zeit noch die landesgesetzlichen Vorschriften maßgebend.

Das Verlagsrecht hat sich in Deutschland zunächst gewohnheitsrechtlich gebildet. Durch die Gesetzgebung ist das Verhältniß nur in Preußen (Allgemeines Landrecht I, 11 §§ 996 bis 1036), in Baden (Badisches Landrecht 2. Buch, 2. Titel, Kapitel 6, §§ 577 da bis dh) und in Sachsen (Bürgerliches Gesetzbuch §§ 1139 bis 1149) geordnet. Diese landesgesetzlichen Bestimmungen sind indessen lückenhaft und genügen meist nicht mehr den Anschauungen und den Bedürfnissen des heutigen Verkehrs. Der Verlagsbuchhandel hat deshalb durch vertragsmäßige Festsetzung zu helfen gesucht. Eine sichere Grundlage für den Rechtsverkehr und eine angemessene Ausgleichung der sich gegenüberstehenden Interessen des Urhebers und des Verlegers ist aber nur zu gewinnen, wenn die Beziehungen zwischen beiden auf dem Wege der Gesetzgebung neu geordnet werden. Dem gedachten Zwecke dient der gegenwärtige Entwurf. Er beschränkt sich auf die Werke der Literatur und der Tonkunst.

Sachlich will der Entwurf kein wesentlich neues Recht schaffen, sondern nur das in Uebung befindliche Recht, wie es durch die Wissenschaft und Rechtsprechung auf Grund der Gepflogenheiten des hochangesehenen deutschen Verlagsgewerbes sich ausgebildet hat, feststellen, bestimmte Streitfragen entscheiden und die einzelnen Vorschriften mit den Grundsätzen des Bürgerlichen Gesetzbuchs in Einklang bringen.

Die geschichtliche Entwickelung des Verlagsrechts ist durch den Gang der Gesetzgebung gegen den Nachdruck unmittelbar bestimmt worden. Ein Verlagsvertrag im weiteren Sinne ist allerdings auch hinsichtlich eines Werkes möglich, das gegen Nachdruck nicht geschützt ist. Ein solcher Vertrag begründet für den einen Theil die Verpflichtung, das Werk dem anderen Theile zum Zwecke der Vervielfältigung zu überlassen, für den letzteren die Verpflichtung, das Werk zu vervielfältigen und zu verbreiten. Auch kann bei einem solchen Vertrage der, welcher das Werk hingiebt, sich dafür haftbar machen, daß das Werk nicht schon anderweit veröffentlicht ist, daß insbesondere er selbst es nicht bereits in Verlag gegeben hat; ebenso kann er dem Verleger gegenüber verpflichtet sein, das Werk später nicht anderweit veröffentlichen zu lassen. Davon aber, daß dem Verleger ein im Verhältnisse zu Dritten wirksames Recht gegen Nachdruck verschafft würde, ist bei einem solchen Vertrage keine Rede. So lange der Schutz gegen Nachdruck nicht anerkannt war, beschränkte sich die rechtliche Bedeutung des Verlagsvertrags in der That auf die Begründung eines obligatorischen Verhältnisses dieser Art. Daneben machte sich indessen schon frühe der Gedanke geltend, daß durch den Verlagsvertrag, soweit dies überhaupt möglich, auch ein Recht des Verlegers gegenüber Dritten begründet werde. Die sittliche Verwerflichkeit des Nachdrucks wurde von jeher anerkannt, die rechtliche Unzulässigkeit wenigstens vielfach behauptet. Zur Ergänzung des unsicheren gemeinen Rechtes dienten die Privilegien, deren Ertheilung sowohl Seitens des Kaisers als Seitens der einzelnen Landesherren in großem Umfang erfolgte. Solche Privilegien wurden entweder dem Verfasser oder dem Verleger gegeben; sie bezogen sich bald auf ein einzelnes Werk, bald auf den gesammten Verlag eines bestimmten Verlegers. Darüber, ob der Schutz gegen Nachdruck, soweit er Platz griff, ein Recht des Verfassers des Werkes sei und von diesem auf den Verleger übertragen werde oder ob der Schutz in der Person des Verlegers entstehe, war man nicht einig. Das den Schutz gegen Nachdruck begründende Recht wurde als Verlagsrecht bezeichnet, womit die Ansicht Ausdruck fand, daß das Recht erst durch den Verlag zur Entstehung komme. Die Auffassung, daß es sich bei dem Verlagsvertrage nicht blos um ein obligatorisches Verhältniß zwischen dem Verfasser und dem Verleger, sondern zugleich um die Schaffung eines gegen Dritte wirksamen ausschließlichen Rechtes auf Vervielfältigung und buchhändlerische Verbreitung handle, tritt bereits in den älteren Gesetzgebungen hervor. In dem Schweizer Obligationenrecht ist sie zu schärferem Ausdrucke gelangt. Eine gewisse Unklarheit über die beiden Seiten des Verlagsvertrags, die obligatorischen Beziehungen zwischen Verfasser und Verleger einerseits und das gegen Dritte wirksame Verlagsrecht andererseits, sowie über das Verhältniß zwischen Verlagsrecht und Urheberrecht besteht indessen auch jetzt noch vielfach. Erst die neuere Gesetzgebung über das Urheberrecht eröffnet die Möglichkeit, hier eine sichere Rechtslage zu gewinnen.

Dieser Entwickelung entspricht der Standpunkt des Entwurfs. Er geht davon aus, daß ein Verlagsvertrag sowohl über ein Werk, an dem ein Urheberrecht besteht, als auch über ein nicht schutzberechtigtes Werk abgeschlossen werden kann, sieht aber für den Fall, daß der Vertrag ein Werk der ersteren Art betrifft, eine wesentliche Verstärkung der Stellung des Verlegers vor. Derjenige, welcher ein nicht gemeinfreies Werk in Verlag giebt, soll durch den Verlagsvertrag auch verpflichtet werden, dem Verleger ein gegen Dritte wirksames ausschließliches Recht zur Vervielfältigung und Verbreitung des Werkes zu verschaffen. Diese ausschließliche Befugniß, welche der Entwurf in Uebereinstimmung mit dem herrschenden Sprachgebrauch als Verlagsrecht bezeichnet, ist ein aus dem Urheberrecht abgeleitetes und ihm demgemäß im Wesen gleichartiges, wenn auch inhaltlich nicht so weittragendes Recht, dessen Grenzen jeweils durch den Verlagsvertrag bestimmt werden. Nach § 12 des Gesetzentwurfs über das Urheberrecht ist der Urheber ausschließlich befugt, das Werk zu vervielfältigen und gewerbsmäßig zu verbreiten. Nach § 9 jenes Entwurfs kann ferner das Urheberrecht beschränkt oder unbeschränkt auf Andere übertragen werden. Der Verlagsvertrag ist aber nicht auf eine Uebertragung des Urheberrechts selbst gerichtet, vielmehr soll der Verleger nur das Recht erhalten, die ausschließliche Befugniß zur Vervielfältigung und Verbreitung in dem durch den Verlagsvertrag bezeichneten Umfang und für die in dem Vertrage bestimmte Zeit auszuüben. Das Urheberrecht als solches bleibt daneben bestehen und gelangt, wenn das Verlagsrecht mit der Beendigung des Vertragsverhältnisses erlischt, sofort wieder unbeschränkt zur Geltung. Aber auch während der Dauer des Verlagsrechts äußert das Recht des Urhebers seine Wirkungen. Der Verleger, welcher eine größere Zahl von Exemplaren herstellt, als ihm durch den Verlagsvertrag gestattet worden, macht sich nicht etwa nur aus dem Vertrag ersatzpflichtig, sondern begeht einen Nachdruck, gegen welchen der Urheber mit allen ihm für diesen Fall vom Gesetze gewährten Rechtsbehelfen vorgehen kann. Nicht minder bleibt der Urheber während des Bestehens des Verlagsrechts Dritten gegenüber, welche das Werk nachdrucken, berechtigt, sein Urheberrecht geltend zu machen und Bestrafung sowie Schadensersatz wegen Nachdrucks zu verlangen.

In gleicher Weise handelt es sich bei dem Verlagsrechte, das der Verfasser dem Verleger zu verschaffen hat, nicht um Beziehungen, die sich auf die den Vertrag schließenden Personen beschränken, sondern um ein Recht, das der Verleger selbständig auch gegen jeden Dritten geltend machen und zu dessen Schutze er die Befugnisse ausüben kann, die behufs Wahrung des Urheberrechts durch das Gesetz vorgesehen sind.

Zu den einzelnen Bestimmungen des Entwurfs ist folgendes zu bemerken:

§ 1.

Der § 1 hebt die Verpflichtungen hervor, welche für jede Partei bei dem Verlagsvertrage wesentlich sind. Derjenige, welcher das Werk in Verlag giebt, ist als Verfasser bezeichnet, während in Uebereinstimmung mit dem herrschenden Sprachgebrauche der andere Theil Verleger genannt wird. Der Ausdruck Verfasser hat sonach hier eine weitergehende Bedeutung, als in dem Gesetzentwurf über das Urheberrecht; wer das Werk in Verlag giebt, braucht nicht der Urheber zu sein. Der Verlagsvertrag kann auch von einem Anderen als dem Urheber, insbesondere von dessen Sondernachfolger abgeschlossen werden. Im Sinne des Entwurfs soll dieser Andere gleichfalls als Verfasser gelten.

Die Verpflichtung, die für den Verfasser aus jedem Verlagsvertrag erwächst, geht dahin, daß das Werk dem Verleger zu überlassen ist, um im Wege der Vervielfältigung und Verbreitung ausgenutzt zu werden. Die Verbindlichkeiten, die bei dem Verlagsvertrag über ein Werk, an dem ein Urheberrecht besteht, dem Verfasser sonst noch obliegen, namentlich die Pflicht, sich selbst während der Dauer des Vertragsverhältnisses der Vervielfältigung und Verbreitung des Werkes in bestimmtem Umfange zu enthalten und sie Seitens des Verlegers zu dulden, sowie die Pflicht, dem Verleger das Verlagsrecht zu verschaffen, sind durch die §§ 2 bis 9 geregelt. Im Gegensatze hierzu bestimmt der § 43 die Stellung des Verfassers bei dem Verlagsvertrag über ein nicht schutzberechtigtes Werk.

Den Verpflichtungen des Verfassers steht die Verpflichtung des Verlegers zur ordnungsmäßigen Vervielfältigung und Verbreitung des Werkes gegenüber. Auch sie ist ein wesentlicher Bestandtheil des Verlagsvertrags. Soll eine solche Verpflichtung für den Verleger nicht begründet werden, so liegt kein Verlagsvertrag vor. Es handelt sich dann entweder um die Uebertragung des Urheberrechts oder um die Begründung eines Nießbrauchs an diesem Rechte oder um ein Abkommen, durch welches der Verfasser die Vervielfältigung und Verbreitung des Werkes zwar gestattet, aber nicht beansprucht. Namentlich kommt es, wenn Beiträge für eine Zeitung, eine Zeitschrift oder ein sonstiges periodisches Sammelwerk geliefert werden, häufig vor, daß der Verfasser einfach die Erlaubniß zum Abdruck ertheilt, während der Verleger weder die Verpflichtung zum Abdruck übernimmt noch ein ausschließliches Recht an dem Beitrag erhält. Für Fälle dieser Art sind in den §§ 45 bis 50 besondere Bestimmungen getroffen.

Ein weiteres Erforderniß des Verlagsvertrags ist es, daß das Werk dem Verleger zur Vervielfältigung und Verbreitung für dessen eigene Rechnung überlassen wird. Nicht dem Verlagsrechte gehört dagegen der sogenannte Kommissionsverlag an, nämlich die Fälle, in welchen Gewinn und Verlust aus dem Geschäfte dem Verfasser verbleiben, während der Verleger auf eine bestimmte Vergütung angewiesen ist. Dieses Verhältniß hat bereits durch die Vorschriften des Handelsgesetzbuchs über das Kommissionsgeschäft (§§ 383 bis 406) und durch die ergänzend eingreifenden Vorschriften des Bürgerlichen Gesetzbuchs über den Dienstvertrag (§§ 611 bis 630, 675) seine Regelung gefunden. Im Vergleiche mit dem Verlagsvertrage gelten für den Kommissionsverlag namentlich folgende Besonderheiten:

1. Wer den kommissionsweisen Verlag eines Werkes übernimmt, hat, wenn er, wie dies in der Regel zutrifft, Kaufmann ist, bei der Vervielfältigung und Verbreitung des Werkes mit der Sorgfalt eines ordentlichen Kaufmanns das Interesse des Verfassers wahrzunehmen und dessen Weisungen zu befolgen.
2. Im Falle des Kommissionsverlags werden die Höhe der Auflage, die Form und Ausstattung des Werkes sowie die Höhe des Preises allein von dem Verfasser bestimmt; der Verleger hat dabei die Weisungen des Verfassers zu befolgen.
3. Macht der Kommissionsverleger zum Zwecke der Vervielfältigung und Verbreitung Aufwendungen, die er den Umständen nach für erforderlich erachten darf, so ist der Verfasser zum Ersatze verpflichtet.
4. Der Kommissionsverleger erlangt kein ausschließliches Recht zur Vervielfältigung und Verbreitung. Giebt der Verfasser dem Vertrage zuwider das Werk noch anderweit in Verlag, so haftet er allerdings dem Kommissionsverleger für Schadensersatz, kann aber wegen Nachdrucks nicht verfolgt werden. Ebensowenig ist der Kommissionsverleger in der Lage, gegen Dritte, welche das Werk nachdrucken, die Rechte des Urhebers geltend zu machen.
5. Für den Verlust und die Beschädigung der in seiner Verwahrung befindlichen Abzüge ist der Kommissionsverleger verantwortlich, außer wenn ihn kein Verschulden trifft.
6. Der Kommissionsverleger ist verpflichtet, dem Verfasser über das Geschäft Rechenschaft abzulegen. Wann und wie oft dies zu geschehen hat, bestimmt sich nach der Verkehrssitte.
7. Inwieweit bei der Kündigung des Vertragsverhältnisses eine Frist eingehalten werden muß, ist entsprechend der Lage des Einzelfalls und mit Rücksicht auf die Verkehrssitte zu beurtheilen.

Die näheren Bestimmungen darüber, in welchem Umfange und in welcher Weise der Verleger zur Vervielfältigung und

Verbreitung des Werkes verpflichtet und berechtigt ist, bilden den Inhalt der §§ 4 bis 8, 17 bis 21.

§§ 2, 3.

Der Entwurf will für alle Fälle, in denen der Verlagsvertrag selbst keine Bestimmungen trifft, den Umfang feststellen, in welchem der Verfasser verpflichtet ist, einerseits sich der Vervielfältigung und Verbreitung des Werkes zu enthalten, andererseits sie dem Verleger zu gestatten; damit werden sich zugleich die Grenzen des dem Verleger zu verschaffenden Verlagsrechts von selbst ergeben. Die Gestaltung der hierher gehörigen Vorschriften hat sich in erster Linie nach den regelmäßigen Zwecken des Verlagsvertrags zu richten. Dabei kann aber nicht außer Betracht bleiben, daß in dem geschäftlichen Verkehre zwischen dem Verleger auf der einen und dem Schriftsteller oder Komponisten auf der anderen Seite der Verleger regelmäßig der geschäftserfahrenere und häufig auch der wirthschaftlich stärkere Theil ist. Im Zweifel wird daher das Gesetz sich zu Gunsten des Verfassers entscheiden und es dem Verleger überlassen müssen, im einzelnen Falle die den Umständen entsprechenden Aenderungen durch besondere Vereinbarung herbeizuführen. In den §§ 2 bis 8 finden sich die nach diesen Gesichtspunkten aufgestellten Vorschriften über die Tragweite der persönlichen Verbindlichkeiten, welche der Verfasser gegen den Verleger durch den Vertrag übernimmt. Die §§ 2, 3 bestimmen im Besonderen den sachlichen Inhalt der dem Verfasser obliegenden Unterlassungspflicht.

Die Verpflichtung des Verfassers, sich seinerseits der Vervielfältigung und der Verbreitung des Werkes zu enthalten, darf nicht auf das Werk in seiner unveränderten Gestalt beschränkt werden. Vielmehr muß dem Verfasser auch ein sonstiger gegen Treu und Glauben verstoßender Wettbewerb untersagt bleiben. Als ein solcher Wettbewerb erscheint im Verhältnisse zum Urheber jede Handlung eines Dritten, die sich nach dem Gesetz über das Urheberrecht als Nachdruck darstellt. Alsdann ist es nur folgerichtig, wenn der § 2 Abs. 1 vorsieht, daß kraft des Verlagsvertrags und für die Dauer des Vertragsverhältnisses der Verfasser dem Verleger gegenüber keine Handlung vornehmen darf, die unter den gesetzlichen Begriff des Nachdrucks fällt. Der Verfasser ist deshalb auch nicht befugt, ohne Zustimmung des Verlegers das in Verlag gegebene Einzelwerk in eine Gesammtausgabe oder ein Sammelwerk aufzunehmen. Von einzelnen Seiten wird es freilich als unbillige Beschränkung des Verfassers bezeichnet, daß es ihm verwehrt sein soll, eine Gesammtausgabe seiner Werke ohne Zustimmung derjenigen zu veranstalten, welchen ein Verlagsrecht an den einzelnen Schriften zusteht. Allein sobald das Gesetz diese Beschränkung fallen läßt, eröffnet es jedem Urheber die Möglichkeit, durch Herstellung einer billigen Gesammtausgabe den Verlegern der einzelnen Schriften die Absatzfähigkeit dieser Schriften empfindlich zu beeinträchtigen. Diese Gefahr liegt um so näher, als die Gesammtausgabe sehr häufig nur eine Auswahl der besten Erzeugnisse des Urhebers enthält. Hier eine bestimmte Grenze zu ziehen, erscheint aber praktisch nicht ausführbar.

Da dem Verfasser die Wiedergabe des Werkes lediglich in demselben Umfange wie jedem Dritten untersagt ist, so bleibt es ihm namentlich gestattet, kleinere Schriften in eine selbständige wissenschaftliche Arbeit oder in Sammlungen der durch § 18 des Gesetzentwurfs über das Urheberrecht bezeichneten Art aufzunehmen. Außerdem wird in § 2 Abs. 2 des Entwurfs dem Verfasser die Herausgabe von Bearbeitungen des Werkes in bestimmtem Umfang ausdrücklich vorbehalten. Die Uebersetzung in eine andere Sprache und die Wiedergabe einer Erzählung in dramatischer Form oder eines Bühnenwerkes in der Form einer Erzählung sind so selbständige Arten der Ausübung des Urheberrechts, daß sie ebensowenig wie die Aufführung eines in Verlag gegebenen Bühnenwerkes, als unzulässiger Wettbewerb gegenüber dem Verleger des ursprünglichen Werkes angesehen werden können. Das Gleiche trifft zu für Bearbeitungen eines Werkes der Tonkunst, sofern sie nicht blos in Auszügen oder Einrichtungen für einzelne oder mehrere Instrumente oder Stimmen bestehen. Dagegen sind Uebertragungen in eine andere Mundart im Wesentlichen auf denselben Abnehmerkreis berechnet wie das Originalwerk; sie sind deshalb in den § 2 Abs. 2 nicht mit aufgenommen. Daraus folgt, daß die Herausgabe eines in Verlag gegebenen Werkes in einer anderen Mundart während der Dauer des Vertragsverhältnisses nur ausführbar ist, wenn sich der Verfasser und der Verleger einigen. Der Verleger kann ohne Zustimmung des Verfassers die Uebertragung nicht herausgeben, weil seine Befugniß sich auf die unveränderte Wiedergabe des Werkes beschränkt. Der Verfasser aber ist an die Zustimmung des Verlegers gebunden, weil auch einem Dritten während der Dauer des Urheberrechts die Uebertragung untersagt ist. Ebenso verhält es sich bei Werken der Tonkunst mit der Herstellung von Auszügen und Einrichtungen für einzelne oder mehrere Instrumente oder Stimmen. Auch hier ist eine Einigung des Verfassers mit dem Verleger erforderlich.

Eine weitere Ausnahme von der Vorschrift des § 2 Abs. 1 macht in Ansehung der Beiträge die für eine Zeitung, eine Zeitschrift oder ein sonstiges periodisches Sammelwerk geliefert werden, der § 46 Abs. 2 des Entwurfs, der sich als eine Fortbildung des § 10 des Gesetzes vom 11. Juni 1870 darstellt.

Dagegen gilt für Beiträge zu einem Sammelwerke, das nicht periodisch erscheint, die allgemeine Regel. Beiträge der letzteren Art dürfen von dem Verfasser ohne Zustimmung des Verlegers nicht anderweit verwerthet, also namentlich nicht einzeln abgedruckt oder in ein anderes Sammelwerk aufgenommen werden. Eine Ausnahme in dieser Richtung erscheint nur gerechtfertigt, wenn der Verfasser für den Beitrag keine Vergütung zu beanspruchen hat. Sammelwerke, die durch unentgeltliche Beiträge gebildet werden, wie beispielsweise die in der wissenschaftlichen Welt üblichen Festgaben, pflegen als Ganzes nur geringen Absatz zu finden, während einzelne jener Beiträge häufig von Bedeutung sind und eine weitere Verbreitung verdienen. Der § 3 erleichtert deshalb die anderweitige Verwerthung der Beiträge in gleicher Weise, wie es für Beiträge zu periodischen Sammelwerken durch § 46 Abs. 2 vorgesehen wird.

§ 4.

In Uebereinstimmung mit der Auffassung des buchhändlerischen Verkehrs wird hier vorgeschrieben, daß der Verleger, soweit nicht ein Anderes vereinbart ist, weder ein einzelnes Werk in eine Gesammtausgabe oder in ein Sammelwerk aufnehmen noch von einzelnen Theilen einer Gesammtausgabe oder eines Sammelwerkes eine Sonderausgabe veranstalten darf. Der Buchhandel sieht beide Arten der Verwerthung eines Werkes als von einander wesentlich verschieden an. Insbesondere schreibt er der Gesammtausgabe wegen der dabei stattfindenden Auswahl und Anordnung des Stoffes eine gewisse Selbständigkeit zu und trennt deshalb das Verlagsrecht für ein einzelnes Werk von dem Verlagsrechte für die Gesammtausgabe, sodaß das letztere in dem ersteren nicht mitbegriffen ist. Schon aus der Fassung des § 4 ergiebt sich übrigens, daß die nach § 18 des Gesetzentwurfs, betreffend das Urheberrecht, jedem Dritten gewährte Befugniß, kleinere Schriften in eine selbständige wissenschaftliche Arbeit oder in eines der dort bezeichneten Sammelwerke aufzunehmen, auch dem Verleger vorbehalten bleibt.

Die Vorschrift des § 4 bezieht sich nur auf Werke der Literatur, nicht auch auf Werke der Tonkunst. Die Uebung des Musikalienhandels ist hier eine andere als die des eigentlichen Buchhandels. Im Musikalienhandel sind häufig kleinere Tonstücke nur so zu verwerthen, daß sie mit anderen gleichartigen Arbeiten zu einem Sammelwerke für Lehrzwecke oder dergleichen vereinigt werden. Es liegt deshalb auch im eigenen Interesse der Komponisten, wenn diese Möglichkeit nicht beschränkt wird. Gerade die Komponisten selbst legen häufig Werth darauf, daß ihre Arbeiten in billigen Gesammtausgaben verbreitet werden.

Nicht entschieden wird durch § 4 die Frage, ob der Verleger berechtigt ist, auch einzelne Bände einer Gesammtausgabe oder eines größeren ihm als Ganzes überlassenen Werkes zu verkaufen. Eine feste Uebung hat sich in dieser Richtung bisher nicht gebildet. Auch können die Verhältnisse je nach den Umständen des Falles so verschieden liegen, daß die Frage sich nicht allgemein regeln läßt.

§ 5.

Für die Beziehungen zwischen dem Verfasser und dem Verleger ist es von wesentlicher Bedeutung, ob das Werk in Auflagen oder nicht in Auflagen erscheinen soll. Dem Musikalienverlag ist der Begriff der Auflage der Hauptsache nach unbekannt. Dagegen hält der eigentliche Buchhandel auch jetzt noch an der Uebung fest, das Werk in Auflagen erscheinen zu lassen, wenngleich es neuerdings häufiger vorkommt, die Drucke nach Hunderten, Tausenden oder selbst nach Zehntausenden einzutheilen. Der Fall, daß das Werk in Auflagen erscheinen soll, bildet den Gegenstand der Vorschrift des § 5.

Die Grundlage, auf welcher sich im buchhändlerischen Verkehr der Begriff der Auflage entwickelt hat, ist der Druck mit beweglichen Lettern. Die Gesammtzahl der von einem Satze auf einmal abgezogenen Exemplare des Werkes bildet eine Auflage. Das ältere Recht unterschied vielfach zwischen Auflagen und Ausgaben und verstand unter neuer Auflage nur den nach Form und Inhalt völlig unveränderten Abdruck, unter neuer Ausgabe einen, sei es in Betreff des Formats oder des Inhalts, veränderten Abdruck. Für den buchhändlerischen Verkehr der neueren Zeit ist der Gegensatz von Auflage und Ausgabe ohne sachliche Bedeutung. Gewöhnlich wird als neue Auflage jeder neue Abdruck angesehen, mag dieser Veränderungen des Formats oder Inhalts aufweisen oder nicht. Von der gleichen Auffassung geht auch der Entwurf aus.

Die Frage, ob das Verlagsrecht, wenn eine anderweitige Bestimmung nicht getroffen ist, alle Auflagen oder nur eine umfaßt, wird in dem letzteren Sinne entschieden (§ 5 Abs. 1 des Entwurfs). Eine solche Beschränkung entspricht dem Vorschlage der Verleger selbst (§ 27 der Verlagsordnung des Börsenvereins).

Was die Zahl der Exemplare einer Auflage anlangt, so bestimmen die neueren Gesetze und Entwürfe, daß sie in Ermangelung einer Vereinbarung von dem Verleger festzusetzen sei. Das Sächsische Gesetzbuch fügt indessen bei, daß die Auflage die Zahl von eintausend nicht übersteigen dürfe. Eine solche Bestimmung erscheint jedoch nicht zweckmäßig. Gegenüber dem wechselnden Einflusse, den Zweck und Beschaffenheit der in Betracht kommenden Werke auf den Absatz üben, ist mit der Feststellung einer bestimmten Zahl stets die Gefahr verbunden, daß diese Zahl in dem einen Falle zu hoch, in dem anderen zu niedrig gegriffen ist. Der Entwurf überläßt deshalb die Bestimmung der Zahl der Abzüge dem Verleger (§ 5 Abs. 2 Satz 1). Zweckmäßig erscheint der von Seiten der Verleger wie der Schriftsteller gemachte Vorschlag, daß der Verleger vor dem Beginne des Druckes dem Verfasser von der Höhe der Auflage Mittheilung zu machen habe (§ 5 Abs. 2 Satz 2). Für den Fall, daß die Mittheilung unterbleibt, muß dann aber die höchste Zahl gesetzlich festgestellt werden. Der Entwurf (§ 5 Abs. 2 Satz 3) wählt die Zahl von eintausend Abzügen. Die zulässige Anzahl von Abzügen ist der Verleger nach § 19 des Entwurfs auch herzustellen verpflichtet, nicht blos berechtigt.

Uebereinstimmend mit der Verkehrsanschauung verpflichtet der Entwurf (§ 5 Abs. 1 a. E.) den Verleger, jede Auflage auf einmal herzustellen und zwar auch dann, wenn zum Drucke Stereotypplatten verwendet werden. Wird der Druck mit beweglichen Lettern ausgeführt, so ist es üblich, nach der Herstellung der Auflage den Satz wieder auseinander zu nehmen. Bei diesem Verfahren hat der Verfasser die Sicherheit, daß der Verleger, wenn der Absatz des Buches die Erwartungen übersteigt, nicht nachträglich noch mehr Exemplare abziehen läßt. Denn bei einem solchen nachträglichen Drucke wird der Betrag der Kosten in Folge der Nothwendigkeit, den Satz wieder neu zu bilden, regelmäßig zu bedeutend und außerdem die Gefahr einer Aufdeckung des vertragswidrigen Verfahrens zu groß sein. Es kann sich deshalb fragen, ob nicht die Vervielfältigung mittelst beweglicher Lettern in der Art als gesetzliche Regel vorzuschreiben wäre, daß das Recht des Verlegers, eine Vervielfältigung mittelst stehender Vorrichtungen zu bewirken, von der Einwilligung des Verfassers abhängig bleibt. Allein die Auswahl des Verfahrens, in welchem der Druck hergestellt werden soll, berührt lediglich den inneren Geschäftsbetrieb des Verlegers. Jene Einschränkung würde deshalb nur angezeigt sein, wenn begründete Bedenken gegen die Zuverlässigkeit der Verleger zu erheben wären. Der Entwurf sieht von einer Bestimmung in dieser Richtung ab. Das Verhältniß zwischen Verleger und Verfasser setzt auf beiden Seiten Vertrauen zum anderen Theile voraus. Auch beim Drucke mit beweglichen Lettern ist es möglich, daß der Verleger gleich von vornherein eine größere Anzahl von Exemplaren abziehen läßt, als ihm der Vertrag gestattet.

§ 6.

Hier ist der Fall behandelt, daß das Werk nicht in Auflagen erscheint. Die besondere Bestimmung, wonach die Herstellung der zulässigen Abzüge nicht auf einmal zu erfolgen braucht, hat in erster Linie die Bedürfnisse des Musikalienverlags im Auge. Angesichts der Eigenthümlichkeiten dieses Verlags, dem der Begriff der Auflage fremd ist, kann das Gesetz vom Verleger nicht verlangen, daß er die zulässigen Abzüge auf einmal herstelle. Er muß vielmehr in der Lage bleiben, die Herstellung nach der jeweiligen Nachfrage einzurichten, die außerordentlich schwankt und namentlich bei größeren Orchester- und Chorwerken für die einzelnen Stimmen oder Instrumente oft sehr ungleich ist.

Die Vorschrift des § 6 beschränkt sich indessen nicht auf den Musikalienverlag, sondern findet auch Anwendung, wenn ein Werk der Literatur nach dem Willen beider Theile nicht in Auflagen erscheinen soll.

§ 7.

Unter Zuschußexemplaren werden im Buchhandel diejenigen Abzüge verstanden, welche über die Zahl der zulässigen Abzüge hinaus hergestellt werden, um Exemplare, die beim Drucke, beim Heften oder Einbinden beschädigt werden, zu ersetzen oder doch in den beschädigten Theilen zu ergänzen. Die Zahl der erforderlichen Zuschußexemplare hängt von der Art des Druckes und Papiers, sowie von manchen sonstigen Umständen technischer Art ab und läßt sich allgemein nicht festsetzen. Zu unterscheiden von den Zuschußexemplaren sind die Freiexemplare, d. h. die Exemplare, welche der Verleger unentgeltlich entweder dem Verfasser überläßt oder zum Zwecke der Besprechung und sonst im Interesse der Einführung des Werkes vertheilt.

Daß die üblichen Zuschußexemplare in die Zahl der zulässigen Abzüge nicht einzurechnen sind (§ 7 Abs. 1 Satz 1), entspricht der Natur der Sache und der buchhändlerischen Sitte. Nicht minder trifft dies zu für die Freiexemplare, welche der Verleger dem Verfasser zu liefern verpflichtet ist (zu vergl. § 27 des Entwurfs). Zweifelhafter kann sein, ob solche Exemplare, welche der Verleger, um die Verbreitung des Werkes zu fördern, zur Beurtheilung in der Presse oder zu anderweiter Empfehlung vertheilt, in die Zahl der zulässigen Abzüge einzurechnen sind. Bei den zum Gebrauch in Schulen bestimmten Büchern ist es beispielsweise üblich, Freiexemplare an die mit der Leitung der Anstalt oder mit dem Unterricht in dem einschlägigen Fache betrauten Lehrer zu senden. Da die weiteste Verbreitung des Werkes gleichmäßig im Interesse des Verlegers wie des Verfassers liegt und da bei der Bestimmung der Höhe einer Auflage der Gewinn, den der Verleger bei vollständigem Absatze dieser Auflage erzielen kann, von maßgebender Bedeutung ist, so erscheint es billig, daß auch die innerhalb der üblichen Grenzen gewährten Freiexemplare in die Zahl der zulässigen Abzüge nicht mit eingerechnet werden. Doch empfiehlt es sich, zur Abschneidung von Streitigkeiten dem Verleger hinsichtlich der Freiexemplare, welche er ohne Einrechnung herstellen darf, eine Grenze zu setzen. Der Entwurf (§ 7 Abs. 1 Satz 2) schlägt demgemäß vor, in die Zahl der zulässigen Abzüge die gewährten Freiexemplare nicht einzurechnen, soweit ihre Zahl den zwanzigsten Theil der zulässigen Abzüge nicht übersteigt.

Aus dem Zwecke, welchem die Zuschußexemplare dienen, folgt, daß der Verleger solche Exemplare, soweit sie nicht zum Ersatz oder zur Ergänzung beschädigter Abzüge verwendet worden sind, nicht verbreiten darf.

§ 8.

Kraft des Verlagsvertrags hat der Verleger ein Recht auf die Verwerthung der ihm zustehenden Anzahl von Abzügen. Der geschäftliche Zweck, den er verfolgt, geht dahin, die Abzüge zu verkaufen. Diese berechtigte Absicht wird theilweise vereitelt, wenn fertige Abzüge vor dem Verkauf untergehen. Es erscheint daher billig und stimmt mit den jetzigen Gepflogenheiten überein, wenn dem Verleger in einem solchen Falle das Recht, die untergegangenen Abzüge durch neue zu ersetzen, eingeräumt wird, ohne daß er eine besondere Vergütung zu entrichten hätte (zu vergl. Verlagsordnung des Börsenvereins § 48 und Entwurf des Schriftstellerverbandes § 22). Hierbei läßt sich auch nicht unterscheiden, ob die Exemplare schon versandt und wieder zurückgelangt waren oder ob der Vertrieb noch nicht begonnen hatte. Doch ist eine Ersatzbefugniß nur für die Abzüge anzuerkennen, deren Verlust auf dem Lager des Verlegers selbst eintritt. Gehen also Abzüge, die der Verleger versandt hat, während des Transports oder bei einem Sortimenter unter, so darf er sie nicht durch andere ersetzen. Eine Ausdehnung der Ersatzbefugniß auf untergegangene Abzüge dieser Art würde in Abweichung von allgemeinen Grundsätzen dem Verfasser eine Betheiligung an der Geschäftsgefahr aufbürden und jedenfalls nicht ausführbar sein, ohne andererseits dem Verfasser die genaue Prüfung des Sachverhalts zu ermöglichen, womit eine störende Einmischung in den Geschäftsbetrieb des Verlegers verbunden sein könnte.

§§ 9, 10.

Soll Gegenstand des Verlagsvertrags ein Werk sein, an welchem ein Urheberrecht besteht, so bringt es, wie in der allgemeinen Erläuterung dargelegt ist, der Zweck des Vertrags mit sich, daß der Verleger nicht auf die persönlichen Ansprüche gegen den Verfasser beschränkt wird, sondern ein auch Dritten gegenüber wirksames Recht, das Verlagsrecht, erhält. Deshalb bestimmt der § 9 des Entwurfs, daß der Verfasser dem Verleger das ausschließliche Recht zur Vervielfältigung und Verbreitung in dem Umfange zu verschaffen hat, der sich aus den §§ 2 bis 8 ergiebt. Die Bestimmung, daß der Verfasser verpflichtet ist, dem Verleger das Verlagsrecht zu „verschaffen", entspricht der Vorschrift des § 433 des Bürgerlichen Gesetzbuchs im Falle des Verkaufs eines Rechtes. Daraus ergiebt sich, daß, wenn der Verfasser dieser Verpflichtung um deswillen nicht genügen kann, weil er kein Urheberrecht an dem Werke besitzt, die Gültigkeit des Verlagsvertrags dadurch nicht berührt wird. Der Mangel des Urheberrechts auf Seiten des Verfassers hat aber zur Folge, daß dieser dem Verleger nach den allgemeinen Grundsätzen über die Gewährleistung wegen eines Mangels im Rechte haftbar ist (zu vergl. §§ 320 bis 327, 433 ff., 440, 445 des Bürgerlichen Gesetzbuchs).

Das Recht, das dem Verleger gemäß § 9 des Entwurfs zukommt, wird nach verschiedenen Richtungen wirksam.

Soweit der Verleger im Verhältnisse zum Verfasser das Werk vervielfältigen und verbreiten darf, muß er hinsichtlich der Ausübung dieser Befugniß ebenso gesichert sein, wie wenn ihm das Urheberrecht selbst übertragen wäre. Er bleibt also, nachdem ihm das Verlagsrecht verschafft ist, zu der Vervielfältigung und Verbreitung berechtigt, auch wenn später an Stelle des Verfassers, der den Vertrag geschlossen hat, ein Anderer die Verfügung über das Urheberrecht erlangt. Insbesondere kann ihm das Verlagsrecht nicht dadurch entzogen werden, daß das Urheberrecht durch

Sondernachfolge oder im Wege der Zwangsvollstreckung einem Dritten übertragen oder daß über das Vermögen des Verfassers der Konkurs eröffnet wird.

Der Verleger hat aber ferner Anspruch auf Sicherung gegen unzulässigen Wettbewerb. Zu dem Behufe muß ihm gegen anderweite Vervielfältigung und Verbreitung ein Untersagungsrecht verschafft werden, und zwar nicht nur soweit er seinerseits das Werk vervielfältigen und verbreiten darf, sondern in dem Umfang, in welchem der Verfasser sich der Vervielfältigung und Verbreitung zu enthalten hat. Wie der § 10 Abs. 2 klarstellt, darf der Verleger, sobald ihm das Verlagsrecht verschafft ist, zur Wahrung dieses Rechts die Befugnisse ausüben, die zum Schutze des Urheberrechts durch das Gesetz vorgesehen sind. Hiernach kann er beispielsweise einen Dritten, der die in Verlag gegebene Schrift einem Sammelwerk einverleibt, gemäß den Grundsätzen des Urheberrechts verfolgen, obwohl ihm selbst die Aufnahme der Schrift in ein Sammelwerk untersagt ist. Die gleichen Befugnisse stehen ihm gegenüber dem Verfasser zu. Er ist demnach, falls der Verfasser das Werk vertragswidrig vervielfältigt, in der Lage, nicht nur die Ansprüche aus dem Vertrage, sondern auch die Rechtsbehelfe wegen Nachdrucks geltend zu machen, insbesondere die Vernichtung der Exemplare und, je nach den Umständen die Bestrafung des Verfassers zu beantragen.

Im bestehenden Rechte wird zwischen der obligatorischen und dinglichen Seite des Verlagsvertrags regelmäßig nicht scharf unterschieden. Namentlich geben die vorhandenen Gesetze und Entwürfe darüber keine sichere Auskunft, ob das Verlagsrecht schon mit dem Abschlusse des Verlagsvertrags oder unter Umständen, insbesondere dann, wenn der Verfasser das den Gegenstand des Vertrags bildende Werk erst auszuarbeiten hatte, in einem späteren Zeitpunkte, sei es mit der Fertigstellung, sei es mit der Uebergabe des Werkes an den Verleger, zur Entstehung gelangt. Der Entwurf hält es aus praktischen Gründen für geboten, das Verhältniß für alle Fälle des Verlagsvertrags gleichmäßig zu ordnen, und zwar in dem Sinne, daß über den Zeitpunkt, mit welchem das Verlagsrecht entsteht, ein Zweifel nicht obwalten kann. Im § 10 Abs. 1 wird deshalb bestimmt, daß das Verlagsrecht in allen Fällen mit der Ablieferung des Werkes an den Verleger zur Entstehung gelangt.

§ 11.

Kraft des Verlagsvertrags hat der Verfasser das Werk dem Verleger zur Vervielfältigung zu überlassen. Zur Erfüllung dieser Verpflichtung gehört, daß er die Niederschrift, durch die das Werk wiedergegeben wird, dem Verleger in einem Zustande liefert, der die Vervielfältigung ermöglicht. Dieser Grundsatz, der im Einzelfall unter Berücksichtigung der Verkehrssitte anzuwenden ist, wird vom Entwurf ausdrücklich hervorgehoben, weil hin und wieder zwischen Verlegern und Verfassern Streitigkeiten darüber entstanden sind, ob das Werk druckfertig, insbesondere so beschaffen sein muß, daß es ohne besondere Schwierigkeiten gelesen werden kann. Die Vorschrift bezieht sich mithin nur auf den äußeren Zustand des Werkes.

§ 12.

Was die Frage betrifft, in welchem Zeitpunkte der Verfasser das Werk abzuliefern hat, so ist auch für sie an erster Stelle der Inhalt des Verlagsvertrags maßgebend. Hiervon abgesehen unterscheidet der Entwurf, ob der Verlagsvertrag über ein bereits vollendetes Werk geschlossen ist oder ob das Werk erst hergestellt werden soll. Im ersten Falle ist, wie der Abs. 1 des § 12 im Anschluß an den § 271 des Bürgerlichen Gesetzbuchs vorsieht, das Werk sofort abzuliefern. Im zweiten Falle entspricht es der Natur der Sache, daß dem Verfasser für die Herstellung des Werkes eine angemessene Frist gelassen wird (§ 12 Abs. 2). Hierüber hat, wenn Streit entsteht, der Richter zu befinden, für die Abgrenzung der Frist werden aber vom Entwurfe bestimmte Anhaltspunkte gegeben. In erster Linie kommt dabei der Zweck des einzelnen Verlagsvertrags in Betracht. Es ist nicht mehr als billig, daß die durch diesen Zweck gegebene Frist dem Verfasser voll gewährt wird, andererseits aber auch von ihm nicht überschritten werden darf. Läßt sich die Frage nach diesem Gesichtspunkte nicht entscheiden, so sind für die Arbeitsleistung, die dem Verfasser zugemuthet werden kann, seine persönlichen Verhältnisse maßgebend, wobei auch Umstände, die erst nach dem Abschlusse des Vertrags eintreten, Bedeutung gewinnen. Zu solchen persönlichen Verhältnissen würde namentlich eine anderweitige Beschäftigung des Verfassers gehören, beispielsweise seine Thätigkeit als Beamter oder als Kaufmann. Eine solche Thätigkeit bei Bemessung der Frist zu berücksichtigen, erscheint aber nur gerechtfertigt, wenn sie dem Verleger bei dem Abschlusse des Vertrags bekannt war oder bekannt sein mußte; denn im Allgemeinen darf der Verleger aus dem Schweigen des Verfassers schließen, daß dieser nicht durch andere Arbeiten in Anspruch genommen werde.

§§ 13 bis 16.

Hier wird die Frage geregelt, ob und inwieweit der eine oder der andere Theil gegenüber dem abgelieferten Werke einseitig zur Vornahme von Aenderungen befugt ist. Die Bestimmung des § 16, daß der Verleger bei der Vervielfältigung an dem Werke ohne Einwilligung des Verfassers keine Aenderung vornehmen darf, entspricht dem im § 10 des Gesetzentwurfs über das Urheberrecht anerkannten Grundsatz und der herrschenden Rechtsanschauung. Schon nach dem geltenden Rechte hat der Verfasser Anspruch darauf, daß das Werk genau so, wie er es abliefert, erscheine. Dem Verleger sind auch unwesentliche Aenderungen nicht gestattet, noch weniger darf er Zusätze machen oder Kürzungen vornehmen. Der Grundsatz gilt gleichmäßig für den Buch- und Musikalienhandel und erleidet eine Einschränkung nur bei Beiträgen zu einem periodischen Sammelwerke (§ 48 des Entwurfs).

Durch die eigenthümliche Natur der geistigen Schöpfung und durch das außerhalb der gewöhnlichen wirthschaftlichen Rücksichten liegende persönliche Interesse, welches der Verfasser daran hat, daß sein Werk in der von ihm für richtig gehaltenen Fassung veröffentlicht werde, ist von selbst die Forderung gerechtfertigt, daß ihm das Recht zu Berichtigungen und Ergänzungen noch bis zum Abschlusse der Vervielfältigung eingeräumt werde. Die buchhändlerische Sitte hat schon bisher diese Forderung thatsächlich erfüllt und ein Recht des Verfassers auf Vornahme von Aenderungen auch noch während des Druckes anerkannt. Es kann deshalb keinem Bedenken unterliegen, ein solches Recht des Verfassers, wie es durch § 13 Satz 1 des Entwurfs geschieht, gesetzlich festzustellen. Auf den gleichen Erwägungen beruht die mit der bisherigen Uebung ebenfalls übereinstimmende Vorschrift des § 14. Sie will für den

Fall, daß der Verleger das Recht auf mehr als eine Auflage hat, dem Verfasser die Sicherheit gewähren, daß eine neue Auflage nicht ohne die von ihm für nöthig gehaltenen Berichtigungen und Ergänzungen erscheint. Die Grenze, innerhalb deren solche Eingriffe zulässig sind, läßt sich nicht scharf ziehen, kann vielmehr nur allgemein dahin bestimmt werden, daß Aenderungen ausgeschlossen sind, durch welche ein berechtigtes Interesse des Verlegers beeinträchtigt werden würde.

Das Recht des Verfassers, Aenderungen vorzunehmen, ist nicht daran gebunden, daß diese durch ihn selbst bewirkt werden. Das Werk, dessen Herstellung den Gegenstand des Vertrags bildet, muß allerdings der Verfasser selbst schaffen. Seine Verpflichtung ist eine höchst persönliche, die durch einen Dritten nicht erfüllt werden kann. Daraus folgt aber nicht, daß dem Verleger die Befugniß gewährt werden müßte, auch Aenderungen lediglich um deswillen zurückzuweisen, weil sie der Verfasser von einem Dritten hat ausführen lassen. Schon für die Herstellung des Werkes kann der Verfasser, ungeachtet der ihm obliegenden persönlichen Leistung, sich der Beihülfe eines Dritten bedienen. Um so weniger läßt sich ihm das Recht versagen, die Aenderungen und Berichtigungen, die er für erforderlich erachtet, durch einen Dritten herbeizuführen. Zur Beseitigung von Zweifeln ist dies im § 15 ausdrücklich hervorgehoben.

Zur Vornahme der Aenderungen ist der Verfasser berechtigt, aber nicht verpflichtet. Eine solche Verpflichtung sieht der Entwurf selbst für den Fall nicht vor, daß der Verleger ein Recht auf eine neue Auflage hat. Daß für zahlreiche Werke, beispielsweise für wissenschaftliche Kommentare, bei jeder neuen Auflage sich das Bedürfniß sachlicher Berichtigungen und Ergänzungen ergeben wird und daß durch eine unveränderte Auflage die Aussicht auf entsprechenden Absatz erheblich gemindert werden kann, ist nicht zu verkennen. Ebendeshalb wird aber den Verfasser regelmäßig schon sein eigenes Interesse veranlassen, das Erforderliche in dieser Hinsicht vorzunehmen. Die Möglichkeit, hier gegen den Verfasser einen Zwang auszuüben, kann das Gesetz dem Verleger nicht eröffnen. Namentlich erscheint es bedenklich, entsprechend der für den Verfasser durch § 13 des Entwurfs begründeten Befugniß auch dem Verleger einen Anspruch darauf einzuräumen, daß, soweit nicht ein berechtigtes Interesse des Verfassers entgegensteht, dieser in seinem Werke, das bei dem Abschlusse des Verlagsvertrags noch nicht hergestellt war, oder bei der Veranstaltung neuer Auflagen seines Werkes Aenderungen vornimmt. Denn der Verfasser kann damit in die Lage gebracht werden, bei der Gestaltung seines Werkes Rücksichten nehmen zu müssen, die ihm bei seiner geistigen Arbeit völlig fern liegen.

§ 17.

Die besonderen Bestimmungen über die Pflichten, die der Verleger hinsichtlich der Vervielfältigung und Verbreitung des Werkes zu erfüllen hat, sind in den §§ 17 bis 21 enthalten.

Der Entwurf giebt keine näheren Vorschriften darüber, wie die Vervielfältigung und Verbreitung zu geschehen hat. Er verweist vielmehr in dieser Beziehung lediglich auf das, was üblich ist. Die sich hieraus ergebenden Obliegenheiten des Verlegers werden bei den einzelnen Gattungen der Werke, welche den Gegenstand des Verlagsvertrags bilden können, verschieden sein, aber für jede Gattung sich ohne Schwierigkeit feststellen lassen. Beispielsweise ist es im Buchverlage gebräuchlich, das Werk auf mechanischem Wege durch Druck zu vervielfältigen, während es im Musikalienverlage bei gewissen Werken, wie Orchesterpartituren, der Uebung entsprechen kann, wenn die Vervielfältigung nur durch Abschreiben bewirkt wird.

Da die mit dem Geschäfte verbundenen Gefahren von dem Verleger getragen werden, so muß ihm das Recht zustehen, über die äußere Einrichtung und Ausstattung des Werkes, die für die Absatzfähigkeit wesentlich in Betracht kommen, frei zu bestimmen. Hat der Verfasser in dieser Hinsicht besondere Wünsche, so mag er sich deren Berücksichtigung durch den Vertrag ausbedingen. Das Bestimmungsrecht des Verlegers unterliegt aber selbstverständlich dem allgemeinen Grundsatze, wonach die Leistung so zu bewirken ist, wie Treu und Glauben mit Rücksicht auf die Verkehrssitte es erfordern. Der Verleger darf mithin nicht eine Form und Ausstattung wählen, die dem Zweck und Inhalte des Werkes widerspricht, und darf nicht von der im Buchhandel herrschenden Uebung abweichen.

Was zur Ausstattung gehört, braucht im Gesetze nicht näher festgestellt zu werden. Außer Zweifel ist namentlich, daß die Wahl des Papiers, des Formats, des Druckes und der zur Ausschmückung der einzelnen Blätter vielfach üblichen Leisten dem Verleger zusteht und daß dieser auch die Ausstattung des Titelblatts und des Umschlags unter Einhaltung der oben angegebenen Grenzen zu bestimmen hat. Dagegen ist er nicht befugt, ohne Einwilligung des Verfassers den Text des Werkes mit Illustrationen zu versehen. Denn diese dienen der Erläuterung oder Belebung des Textes und sind deshalb nicht mehr zur äußeren Ausstattung zu rechnen.

§ 18.

Aus allgemeinen Grundsätzen folgt, daß der Verleger die Verpflichtung zur Vervielfältigung, wenn vertragsmäßig nicht etwas Anderes vereinbart ist, sofort nach ihrer Entstehung zu erfüllen hat. Der Inhalt der Verpflichtung selbst bringt es indessen mit sich, daß sie nicht erfüllt zu werden braucht, bevor das zu vervielfältigende Werk geliefert ist. Erfolgt die Lieferung stückweise, so ist, wie sich aus § 18 Satz 1 ergiebt, der Verleger berechtigt, mit der Vervielfältigung bis dahin zu warten, daß er das ganze Werk erhalten hat. Die hier getroffene, mit der herrschenden Meinung übereinstimmende Regelung rechtfertigt sich durch die Rücksicht auf die Lage des Verlegers. Dieser darf nicht der Gefahr ausgesetzt werden, daß er die Kosten der Vervielfältigung, falls das Werk überhaupt nicht vollständig geliefert werden sollte, nutzlos aufwendet. Nur wenn bestimmt ist, daß das Werk in Abtheilungen erscheinen soll, entspricht es dem Zwecke der Vereinbarung, daß jede Abtheilung in der hier fraglichen Beziehung als ein Ganzes behandelt wird und daß demgemäß die Vervielfältigung zu beginnen hat, sobald der betreffende Theil geliefert ist (§ 18 Satz 2). Als Abtheilungen sind insbesondere die einzelnen Bände, Hefte oder Lieferungen eines Werkes anzusehen.

§ 19.

Schon auf dem Boden des bestehenden Rechtes geht die herrschende Auffassung dahin, daß der Verleger durch den Verlagsvertrag auch ohne ausdrückliche Abrede verpflichtet wird, Abzüge bis zu der Zahl herzustellen, die er sich zu seinen Gunsten bedungen hat. Dieser Auffassung folgt der Entwurf. Die Vervielfältigung und Verbreitung des Werkes stellt sich als wesentliche Gegenleistung für das dem Verleger eingeräumte Recht dar. Der Anspruch des Verfassers ist aber inhaltslos, wenn die Zahl der Abzüge dem Ermessen des Verlegers überlassen bleibt.

Im Einzelnen ist zu unterscheiden, ob das Werk in Auflagen erscheint oder nicht. Bei einem Werke, das in Auflagen erscheint, darf nach § 5 Abs. 1 die Herstellung jeder Auflage nur auf einmal erfolgen. Gemäß § 19 Abs. 1 Satz 1 ist daher der Verleger auch verpflichtet, die Auflage in der zulässigen Höhe auf einmal herzustellen. Erscheint das Werk nicht in Auflagen, so so kann der Verleger die zulässigen Abzüge nach und nach herstellen (§ 6). Er genügt deshalb seiner Verbindlichkeit zur Herstellung, wenn er rechtzeitig dafür sorgt, daß der Bestand nicht vergriffen wird (§ 19 Abs. 1 Satz 2). Diese Verpflichtung besteht so lange, bis die zulässigen Abzüge sämmtlich hergestellt sind. Hört indessen die Nachfrage nach dem Werke schon vorher auf, so kommt auch die Verpflichtung zur Herstellung nicht weiter in Betracht.

Die erörterte Verpflichtung des Verlegers soll nach § 19 Abs. 2 eine Ausnahme für den Fall erleiden, daß es sich um die Veranstaltung einer neuen Auflage handelt. Ob das Recht zu mehreren Auflagen für den Verleger auch die Verpflichtung begründet, die Auflagen zu veranstalten, ist gegenwärtig streitig. Das Ungarische Handelsgesetzbuch (§§ 522, 523) bejaht die Frage, das Schweizerische Obligationenrecht (Artikel 380) verneint sie. Die übrigen Gesetze enthalten keine ausdrückliche Bestimmung. Der Entwurf schließt sich der Auffassung des Schweizerischen Obligationenrechts an. Dem Verleger darf eine so große Gefahr, wie sie mit der Verpflichtung zur Herstellung neuer Auflagen verbunden sein würde, nicht aufgebürdet werden. Bei der Uebernahme des Verlags ist es oft schon hinsichtlich der ersten Auflage schwierig, die Verhältnisse zu übersehen, welche für den voraussichtlichen Absatz maßgebend sind.

Kann hiernach der Verfasser, der dem Verleger das Recht zu mehreren Auflagen eingeräumt hat, die Herstellung einer neuen Auflage nicht verlangen, so muß ihm die Möglichkeit gewährt werden, von dem Vertrage zurückzutreten, falls der Verleger innerhalb angemessener Frist von seinem Rechte keinen Gebrauch macht. Ueber dieses Rücktrittsrecht ist im § 36 Bestimmung getroffen.

§ 20.

Dem Verleger kann unter bestimmten Voraussetzungen die Befugniß nicht versagt werden, sich von der Pflicht zur Vervielfältigung und Verbreitung des Werkes durch Kündigung zu befreien. Im Allgemeinen muß der Verleger das Werk vervielfältigen und verbreiten ohne Rücksicht darauf, ob ihm hieraus Vortheil oder Nachtheil erwächst. Dagegen läßt Treu und Glauben es nicht zu, daß der Verleger zur Veröffentlichung eines Werkes auch dann gezwungen werden darf, wenn der Zweck, welchem das Werk dienen sollte, nach dem Abschlusse des Vertrags weggefallen ist, beispielsweise wenn der Verlagsvertrag eine Festschrift zum Gegenstande hat, das Fest aber, zu welchem die Schrift erscheinen sollte, in Folge veränderter Umstände nicht stattfinden kann.

Eine weitere Ausnahme von der Verpflichtung zur Vervielfältigung erscheint da geboten, wo ein Beitrag zu einem Sammelwerke Gegenstand des Verlagsvertrags ist. Ob das Sammelwerk gedruckt wird, hängt von dem Rechtsverhältnisse des Verlegers zu dem Herausgeber und, wenn es an einem Herausgeber fehlt, von dem Ermessen des Verlegers ab. Bei dieser Sachlage kann nicht angenommen werden, daß der Verleger sich zum Abdrucke des Beitrags auch für den Fall hat verpflichten wollen, daß die Vervielfältigung des Sammelwerkes unterbleibt.

§ 21.

Die hier anerkannte Befugniß des Verlegers, den Beitrag zu einem Sammelwerke bei Herstellung neuer Abzüge, also auch in einer neuen Auflage, wegzulassen, entspricht im Wesentlichen den Vorschlägen der Schriftsteller selbst (§ 40 des Entwurfs des deutschen Schriftstellerverbandes). Der Zweck, den das Werk als Ganzes verfolgt, macht es unter Umständen erforderlich, einen Beitrag ganz wegzulassen. Die Ausschließung des Einzelnen liegt dann im gemeinsamen Interesse des Verlegers und der übrigen Mitarbeiter. Das Interesse der letzteren wird dem Verleger gegenüber von dem Herausgeber vertreten. Mit Rücksicht hierauf soll nach dem Entwurfe der Verleger gehalten sein, die Befugniß, falls ein Herausgeber vorhanden ist, nur im Einverständnisse mit diesem auszuüben.

Die Verfügung über den weggelassenen Beitrag fällt, da das Vertragsverhältniß als beendigt anzusehen ist, wieder dem Verfasser zu.

§ 22.

Die ordnungsmäßige Vervielfältigung, zu welcher der Verleger verpflichtet ist, bedingt die Herstellung eines im Wesentlichen fehlerfreien Abdrucks. Der Verleger muß daher für die erforderliche Korrektur sorgen. Dem Verfasser kann in dieser Beziehung weder eine Pflicht auferlegt noch ein Recht eingeräumt werden. Anders verhält es sich mit der Revision d. h. der Durchsicht der auf Grund der Korrektur berichtigten Bogen. Der Verfasser hat unter Umständen ein dringendes Interesse daran, vor dem Abschlusse der Vervielfältigung zu prüfen, ob sie ordnungsmäßig erfolgt ist, und die Abstellung etwaiger Mängel zu betreiben. Der Entwurf giebt deshalb dem Verfasser einen Anspruch auf die Revision, sofern er diesen Anspruch vor der Ablieferung des Werkes geltend gemacht hat. Dagegen sieht der Entwurf, entsprechend einem Wunsche der Schriftsteller, davon ab, die Verpflichtung des Verfassers zur Revision festzusetzen. In der That kann eine derartige Verpflichtung zu Unzuträglichkeiten führen, namentlich wenn der Verfasser persönlich zur Revision außer Stande ist, sich auf Reisen befindet oder durch andere Geschäfte völlig in Anspruch genommen wird.

§ 23.

Die in einzelnen Gesetzen sich findende Vorschrift, daß der Verleger den Preis nicht übermäßig hoch bestimmen dürfe, hat der Entwurf nicht aufgenommen, da sie vermöge ihrer Unbestimmtheit nur geeignet ist, Anlaß zum Streite zu geben. Da der Verleger nach § 19 meist verpflichtet ist, eine bestimmte Zahl von Abzügen herzustellen, so wird ihn regelmäßig sein eigenes Interesse von einer Preisfestsetzung abhalten, welche die Verbreitung des Werkes ausschließt oder wesentlich beeinträchtigt. Eine derart ungeeignete Preisfestsetzung würde übrigens seiner Verpflichtung, das Werk in der üblichen Weise zu verbreiten, widersprechen und schon aus diesem Grunde unzulässig sein.

Auf Grund gleicher Erwägungen ist dem Verleger auch das Recht eingeräumt, den Preis nach Gutdünken zu ermäßigen. Eine Vorschrift, welche die Befugniß des Verlegers zur Herabsetzung des Ladenpreises an die Zustimmung des Verfassers binden wollte, würde schon praktisch kaum Erfolg haben. Im Falle der Versagung der Zustimmung bliebe es gleichwohl dem Verleger unbenommen, die bei ihm vorhandenen Bestände des Werkes einem sogenannten Ramschhändler zu verkaufen, der an die Preisbestimmung nicht gebunden ist. Eine solche Maßregel, die sich gesetzlich nicht ausschließen läßt, ist aber viel eher geeignet, dem Rufe des Werkes zu schaden, als eine von dem Verleger selbst ausgehende Preisermäßigung.

Dagegen soll, entsprechend der bestehenden Uebung, zu einer Erhöhung des Preises die Zustimmung des Verfassers erforderlich sein. Eine Beschränkung des Verlegers nach dieser Richtung ist schon deshalb unerläßlich, weil er andernfalls durch einseitige Erhöhung des Preises das dem Verfasser im § 28 des Entwurfs eingeräumte Recht, die Bestände des Werkes aufzukaufen, vereiteln könnte.

Ebenso ist es geboten, die Bestimmung und Abänderung des Preises von dem Einverständnisse des Verfassers dann abhängig zu machen, wenn die ihm gebührende Vergütung sich nach der Höhe des Preises richtet; denn hier handelt es sich um ein der Gesellschaft ähnliches Verhältniß.

§§ 24 bis 26.

Die Verpflichtung des Verlegers zur Zahlung einer Vergütung ist kein wesentliches Erforderniß des Verlagsvertrags. Es kommen zahlreiche Verträge vor, bei welchen die Gegenleistung des Verlegers lediglich darin besteht, daß er die Vervielfältigung auf seine Kosten vornehmen läßt; bisweilen muß der Verfasser sogar noch einen Zuschuß leisten. In vielen Fällen ist ohne Weiteres aus den Umständen zu entnehmen, daß der Verfasser eine Vergütung nicht beanspruchen will; besonders häufig trifft dies bei der Einsendung von Beiträgen an Zeitungen und Zeitschriften zu. Es würde deshalb mit den thatsächlichen Verhältnissen und der Verkehrssitte im Widerspruch stehen, wenn das Gesetz die in schriftstellerischen Kreisen vielfach gewünschte Vorschrift aufnehmen wollte, daß eine Vergütung gezahlt werden müsse, sofern nicht das Gegentheil ausbedungen worden sei. Zu Gunsten einer solchen von den allgemeinen Grundsätzen abweichenden Vorschrift kann auch nicht geltend gemacht werden, daß sie behufs Ausgleichung der ungünstigeren Stellung billig sei, in welcher sich die Schriftsteller in Folge ihrer geringeren Geschäftserfahrung gegenüber den Verlegern befinden. Die Frage, ob eine Vergütung gezahlt werden soll, ist so einfach und liegt so nahe, daß es dabei auf Geschäftserfahrung nicht ankommt. Der Schriftsteller ist hier durchaus in derselben Lage wie der Künstler, der sich zur Herstellung eines Werkes verpflichtet. Der Entwurf (§ 24 Abs. 1 Satz 2) folgt deshalb der im § 632 Abs. 1 des Bürgerlichen Gesetzbuchs für den Werkvertrag gegebenen Vorschrift, indem er festsetzt, daß eine Vergütung als stillschweigend vereinbart gilt, wenn die Ueberlassung des Werkes den Umständen nach nur gegen eine Vergütung zu erwarten ist.

Steht fest, daß eine Vergütung gewährt werden muß, ist aber eine Vereinbarung über die Höhe der Vergütung nicht erfolgt, so ist nach § 24 Abs. 2 eine angemessene Vergütung in Geld zu zahlen. Eine ausdrückliche Bestimmung in diesem Sinne ist angezeigt, um jeden Zweifel darüber auszuschließen, daß der Verleger Mangels einer dahin gehenden Abrede seine Verpflichtung zur Gewährung einer Vergütung nicht schon durch Gewährung von Freiexemplaren oder durch ähnliche Leistungen erfüllen kann.

Der Zeitpunkt, in welchem, von dem Falle besonderer Vereinbarung abgesehen, die Vergütung zu bezahlen ist, wird durch den § 25 bestimmt. In dieser Hinsicht besteht zwischen Schriftstellern und Verlegern Meinungsverschiedenheit. Die ersteren sind geneigt, die sofortige Zahlung nach der Lieferung des Werkes zu fordern, die letzteren wollen zum Theil die Zahlung von der Beendigung der Vervielfältigung abhängig machen. Der natürlichen Auffassung entspricht es jedenfalls, wenn die Vergütung sofort nach der Lieferung des Werkes entrichtet wird. Der Verfasser hat hiermit das seinerseits Erforderliche gethan, um die Herausgabe des Werkes zu ermöglichen, und es fehlt dann für ihn jeder Anlaß, dem Verleger Kredit zu gewähren. In diesem Sinne ist die Frage durch die Vorschrift im § 641 Abs. 1 des Bürgerlichen Gesetzbuchs bereits für den Werkvertrag geregelt. Der Entwurf (§ 25 Satz 2) hält daher als Regel den bezeichneten Zeitpunkt fest. Ausnahmen läßt er (§ 25 Satz 1) nur zu, falls die Art und Weise, wie nach dem Verlagsvertrage der Betrag der Vergütung festzustellen ist, den Schluß auf eine entgegenstehende Absicht der Parteien rechtfertigt. Eine derartige Absicht wird stets dann anzunehmen sein, wenn der Betrag der Vergütung nach Druckbogen bestimmt werden soll. Denn hier ergiebt sich erst nach der Beendigung der Vervielfältigung, also bei dem Erscheinen des Werkes, mit Sicherheit, wie groß die Zahl der Druckbogen und wie hoch daher der Betrag der Vergütung ist. In einem solchen Falle darf davon ausgegangen werden, daß gemäß der Absicht der Vertragschließenden erst in diesem Zeitpunkte die Bezahlung erfolgen solle.

Inwieweit bei einem in Abtheilungen erscheinenden Werke die Vergütung nicht für das Werk als Ganzes, sondern je für die einzelne Abtheilung zu gewähren ist, richtet sich nach der Absicht der Parteien und nach der Verkehrssitte. Ist die Vergütung für die einzelne Abtheilung zu gewähren, so finden die Vorschriften des § 25 entsprechende Anwendung.

§ 27.

Nach hergebrachter Sitte erhält der Verfasser eines Werkes der Literatur eine Anzahl von Freiexemplaren und auf Wunsch auch ein Exemplar in Aushängebogen.

Was die Zahl der Freiexemplare bei Werken der Literatur betrifft, so entspricht die vom Entwurfe (§ 27 Abs. 1 Satz 2) gewählte Regelung dem gemeinschaftlichen Vorschlage der als Sachverständigen gehörten Schriftsteller und Verleger. Bei Werken der Tonkunst steht die Zahl der zu gewährenden Freiexemplare durch allgemeine Uebung fest. Die Ziffern sind aber je nach der Gattung des Werkes verschieden und lassen sich im Einzelnen gesetzlich nicht feststellen. Der Entwurf (§ 27 Abs. 2) begnügt sich daher, auf jene Uebung hinzuweisen.

§ 28.

Die Befugniß des Verfassers, von dem Verleger die Ueberlassung der zu dessen Verfügung stehenden Abzüge des Werkes gegen Zahlung des niedrigsten Preises zu fordern, entspricht einem schon jetzt bestehenden Gebrauche. Sie kann nach verschiedenen Richtungen Bedeutung gewinnen, so wenn der Verfasser eine neue Auflage veranstalten, die Verbreitung des Werkes unterdrücken oder sie einem Dritten übertragen will. Das Recht des Verfassers erstreckt sich auch auf die bei den Sortimentern befindlichen, aber von ihnen noch nicht fest abgenommenen Exemplare.

§§ 30, 31.

Die Vererblichkeit der Rechte und Pflichten des Verlegers aus dem Verlagsvertrage ist unbestritten anerkannt und folgt aus den allgemeinen Rechtsgrundsätzen, so daß es einer besonderen Vorschrift in dieser Beziehung nicht bedarf. Sehr bestritten ist dagegen die Frage, ob der Verleger seine Rechte aus dem Verlagsvertrag ohne Zustimmung des Verfassers auf einen Anderen übertragen kann. Die bestehenden Gesetze enthalten darüber keine Bestimmung. In der Wissenschaft gehen die Meinungen weit auseinander. Die Praxis hat sich überwiegend für die Möglichkeit der Uebertragung ausgesprochen. Namentlich ist auch das Reichsgericht in einem ausführlich begründeten Urtheile vom 6. April 1888 (Entsch. in Strafsachen Bd. 17 S. 268 ff.) dieser Auffassung beigetreten.

Selbstverständlich ist, daß sich der Verleger durch die Uebertragung seiner Rechte aus dem Verlagsvertrage nicht einseitig von seiner Verpflichtung befreien kann, das Werk zu vervielfältigen und zu verbreiten. Nur darum kann es sich handeln, ob der Verfasser zu dulden hat, daß jene Verpflichtung auch durch einen Dritten, durch einen Rechtsnachfolger des Verlegers, erfüllt werde. Die Entscheidung hängt davon ab, inwieweit die dem Verleger obliegende Verpflichtung, das Werk zu vervielfältigen und zu verbreiten, nach dem Willen der Parteien an die Person des Verpflichteten gebunden ist. Es darf zugegeben werden, daß für den Verfasser die Gewähr, welche ihm die Persönlichkeit des Verlegers bietet, bei Abschluß des Verlagsvertrags häufig von wesentlicher Bedeutung ist. Daraus allein läßt sich aber nicht folgern, daß der Verleger die ihm obliegenden Leistungen in Person zu bewirken habe, daß sie ohne Einwilligung des Verfassers nicht von einem Dritten vorgenommen werden dürfen. Zutreffend wird in der angeführten Entscheidung des Reichsgerichts bemerkt, daß die dem Verleger obliegenden Leistungen selten durch seine alleinige Thätigkeit ausgeführt werden können, daß es ihm vielmehr regelmäßig freistehe, die übernommenen Verpflichtungen durch Gehülfen und auch durch Vertreter zu erfüllen. Bleibt hiernach der Verleger jedenfalls in der Lage, die Ausführung des Vertrags, die Vervielfältigung und Verbreitung des Werkes, einem anderen Verleger zu überlassen, so ist nicht abzusehen, weshalb ihm die Uebertragung seiner Rechte aus dem Verlagsvertrage versagt werden sollte. Darauf, daß im Falle der Uebertragung das Werk auch äußerlich in einem anderen Verlage, also unter der Firma eines fremden Verlegers erscheint, kann entscheidendes Gewicht nicht gelegt werden.

Weiter verlangen auch Interessen des Verlegers, daß er der Möglichkeit nicht beraubt wird, seine Rechte aus den einzelnen Verlagsverträgen im Wege der Veräußerung zu verwerthen. Die Verhältnisse können es mit sich bringen, daß der Verleger sich genöthigt sieht, sein Geschäft aufzugeben oder einzuschränken, die Richtung seiner Verlagsthätigkeit zu ändern oder auch nur den Verlag eines einzelnen Werkes einem anderen Verleger zu überlassen, der die Herausgabe eines Konkurrenzwerkes in Aussicht stellt oder der alle späteren Werke des Verfassers in Verlag genommen hat.

Schließlich darf aber bei der Entscheidung der Frage, ob die Uebertragbarkeit der durch den Verlagsvertrag begründeten Rechte des Verlegers anerkannt werden soll, auch das Verhältniß des Verlegers zu seinen Gläubigern nicht unberücksichtigt bleiben. Die Verlagsrechte bilden einen wesentlichen Bestandtheil seines Vermögens und damit eine Grundlage für seinen Kredit. Wird die Uebertragbarkeit dieser Rechte ausgeschlossen, so ist die Folge, daß auch im Zwangsvollstreckungsverfahren die Befriedigung der Gläubiger nicht durch Veräußerung der Verlagsrechte, sondern nur durch Anordnung einer Verwaltung erfolgen kann (§ 857 Abs. 4, 5 der Civilprozeßordnung). Den Gläubigern wird damit die Möglichkeit, aus den Verlagsrechten Befriedigung zu erlangen, aufs äußerste erschwert, und diese Erschwerung wird nothwendig auf die Kreditfähigkeit des Verlegers nachtheilig einwirken.

Es ist selbstverständlich, daß der Verleger durch die Uebertragung von seiner Verpflichtung gegenüber dem Verfasser nicht befreit wird. Wie aber der Entwurf im § 30 Abs. 2 weiterhin vorsieht, soll der Rechtsnachfolger für den Fall, daß er dem Verleger gegenüber die Verpflichtung übernimmt, das Werk zu vervielfältigen und zu verbreiten, dem Verfasser für die Erfüllung der aus dem Verlagsvertrage sich ergebenden Verbindlichkeiten neben dem Verleger gemäß §§ 421 bis 425 des Bürgerlichen Gesetzbuchs als Gesammtschuldner haften; nur auf eine bereits begründete Verpflichtung zum Schadensersatze erstreckt sich die Haftung des neuen Verlegers nicht. Durch diese Art der Regelung wird dem Verfasser die Durchführung seiner Ansprüche insofern erheblich erleichtert, als er nunmehr in der Lage ist, sich unmittelbar auch an den neuen Verleger zu halten. Entsprechende Bestimmungen enthält für ähnliche Fälle das Bürgerliche Gesetzbuch (zu vergl. §§ 578, 1388).

Aus dem Kreise der Schriftsteller ist die Frage angeregt worden, ob nicht dem Verfasser wenigstens das Recht gegeben werden könne, von dem Vertrage zurückzutreten, wenn der Verleger seine Rechte aus dem Vertrag einem Dritten übertrage. Diesem Wunsche kommt der Entwurf durch die Vorschrift des § 39 Abs. 1 in gewissem Umfang entgegen.

§ 32.

Hier werden die Thatsachen hervorgehoben, durch welche das Rechtsverhältniß aus dem Verlagsvertrage regelmäßig, also im Gegensatze zum Rücktritt von dem Vertrage und zu sonstigen Ausnahmefällen, beendigt wird.

Die Vorschrift des Abs. 1, wonach bei dem auf eine bestimmte Anzahl von Auflagen oder von Abzügen beschränkten Verlagsvertrage das Rechtsverhältniß endigt, wenn die Auflagen oder Abzüge vergriffen sind oder wenn das Werk unverkäuflich geworden ist, entspricht dem geltenden Rechte.

Der Verfasser ist allerdings nicht immer in der Lage, sofort wahrzunehmen, ob das Verlagsrecht auf solche Weise erloschen und in Folge dessen sein Urheberrecht wieder in volle Wirksamkeit getreten ist. Das erhebliche Interesse, das sich für den Verfasser hieran knüpft, rechtfertigt es, wenn der Entwurf (§ 32 Abs. 2) dem Verleger zur Pflicht macht, auf Verlangen des Verfassers jederzeit die erforderliche Auskunft zu ertheilen.

Ist der Verlagsvertrag nicht auf eine bestimmte Zahl von Auflagen oder Abzügen beschränkt, sondern für eine bestimmte Zeit geschlossen, so kann der Verleger während dieser Zeit Auflagen und Abzüge in beliebiger Zahl herstellen. Dagegen kann ihm nicht das Recht zugestanden werden, die so hergestellten Exemplare noch nach dem Ablaufe der bestimmten Zeit zu veräußern. Eine derartige Ausdehnung seines Rechtes liegt nicht im Sinne des Vertrags. Denn dem Verleger wäre damit die Möglichkeit geboten, von einem Werke, das guten Absatz in Aussicht stellt, noch kurz vor dem Ablaufe der vertragsmäßigen Zeit Exemplare in so großer Menge anzufertigen, daß er zum Schaden des Verfassers weit über diese Zeit hinaus die anderweitige Verwerthung des Werkes beeinträchtigen könnte. Der Abs. 3 sieht deshalb ausdrücklich vor, daß mit dem Ablaufe der bestimmten Zeit der Verleger nicht mehr zur Verbreitung der vorhandenen Abzüge berechtigt ist.

§§ 33, 34.

An sich ist, wenn der Verfasser das Werk nicht rechtzeitig liefert, der Verleger nur unter den Voraussetzungen der §§ 325, 326, 361 des Bürgerlichen Gesetzbuchs berechtigt, statt der Geltendmachung des Anspruchs auf Lieferung Schadensersatz wegen Nichterfüllung zu verlangen oder von dem Vertrage zurückzutreten. Ferner wird, wenn das Werk nicht von vertragsmäßiger Beschaffenheit ist, dem Verleger nach allgemeinen Grundsätzen nur ein Anspruch auf Schadensersatz wegen Nichterfüllung oder ein Rücktrittsrecht unter den gleichen Voraussetzungen wie in dem Falle verspäteter Lieferung zustehen. Die daraus sich ergebende Gestaltung des Verhältnisses entspricht aber nicht den Bedürfnissen des Verkehrs. Denn es kommt hier vor Allem darauf an, daß dem Verleger ermöglicht wird, alsbald eine sichere Rechtslage herbeizuführen.

Einen Vorgang für eine entsprechende Regelung bieten die Bestimmungen, die das Bürgerliche Gesetzbuch in den §§ 633 bis 636 für den Werkvertrag trifft. Aehnlich wie der Besteller gegenüber dem Unternehmer gestellt ist, darf auch der Verleger gegenüber dem Verfasser die Befugniß beanspruchen, bei ausbleibender oder nicht vertragsmäßiger Leistung von dem Vertrage zurückzutreten, selbst dann, wenn dem anderen Theile kein Verschulden zur Last fällt.

§ 35.

Wird das Werk von dem Verleger nicht vertragsmäßig vervielfältigt und verbreitet, so steht dem Verfasser der Anspruch auf Erfüllung zu. Der Verfasser kann diesen Anspruch im Wege der Klage verfolgen. Wenn er eine rechtskräftige Verurtheilung des Verlegers erzielt hat, ist er in der Lage, behufs Durchführung seines Anspruchs die Zwangsvollstreckung zu betreiben oder gemäß §§ 283, 325 des Bürgerlichen Gesetzbuchs sei es Schadensersatz wegen Nichterfüllung zu verlangen, sei es von dem Vertrage zurückzutreten. Diese letzteren Rechte darf der Verfasser im Falle des Verzugs des Verlegers gemäß §§ 326, 327 des Bürgerlichen Gesetzbuchs auch ohne vorgängige gerichtliche Verfolgung seines Anspruchs auf Erfüllung geltend machen. Unabhängig von den genannten Befugnissen giebt ihm aber der Entwurf, entsprechend den im § 33 zu Gunsten des Verlegers getroffenen Bestimmungen, das Recht, von dem Vertrage zurückzutreten, schon dann, wenn das Unterbleiben der vertragsmäßigen Vervielfältigung oder Verbreitung des Werkes nicht auf einem Verschulden des Verlegers beruht.

Die Vorschrift des § 35 findet, wie ihre allgemeine Fassung ergiebt, auch in dem Falle Anwendung, daß der Verleger mit der Vervielfältigung oder Verbreitung einer neuen Auflage, zu der er sich vertragsmäßig verpflichtet hat, nicht rechtzeitig beginnt.

Nach § 42 des Entwurfs bleibt jedoch hier der Vertrag trotz des Rücktritts des Verfassers im Zweifel insoweit aufrecht erhalten, als er sich auf die älteren Auflagen erstreckt.

§ 37.

Die Folgen, welche eine unverschuldete oder verschuldete Unmöglichkeit der Erfüllung der durch den Verlagsvertrag begründeten Verbindlichkeiten nach sich zieht, bestimmen sich nach allgemeinen Grundsätzen (zu vergl. §§ 275 bis 282 und §§ 323 bis 325, 327 des Bürgerlichen Gesetzbuchs). Auch der Fall, daß das Werk vor der Ablieferung an den Verleger untergeht, bedarf keiner besonderen Regelung. Ist ein schon fertig gestelltes Werk in Verlag gegeben, so wird regelmäßig aus den Umständen zu entnehmen sein, daß nur die vorhandene Handschrift, nicht aber eine neu herzustellende, den Gegenstand des Vertrags bilden sollte; alsdann wird durch den Untergang des Werkes die Vertragserfüllung unmöglich. Im Allgemeinen ist jedoch Gegenstand des Verlagsvertrags nicht das körperliche Werk, sondern das Recht zur Vervielfältigung und Verbreitung der geistigen Schöpfung, welche durch das Werk wiedergegeben wird. Hiernach liegt, falls das ganz oder theilweise hergestellte Werk vor der Ablieferung untergeht, ein Fall der Unmöglichkeit der Leistung auf Seiten des Verfassers an sich nicht vor. Der Verfasser ist zur Neuherstellung berechtigt und verpflichtet. Kann er in Folge des Untergangs seiner Handschrift nicht rechtzeitig liefern, so stehen dem Verleger die im § 33 vorgesehenen Rechte zu. Nur wenn der Verfasser außer Stande ist, dem Verleger eine Niederschrift des Werkes, die mit dem untergegangenen übereinstimmt, zu liefern, liegt auf seiner Seite Unmöglichkeit der Erfüllung vor, und es finden dann die Vorschriften der §§ 275, 323 bis 325, 327 des Bürgerlichen Gesetzbuchs Anwendung. Dieses Ergebniß ist nach allen Seiten befriedigend; für den Fall, daß der Untergang des Werkes vor der Ablieferung an den Verleger erfolgt, bedarf es daher besonderer Bestimmungen nicht.

Ist das Werk einmal abgeliefert, so bildet es von diesem Zeitpunkt ab regelmäßig, in der Gestalt, die sich aus der dem Verleger überlassenen Handschrift ergiebt, den Gegenstand des Vertragsverhältnisses. Dem Sinne des Vertrags wird es dann entsprechen, daß der Verleger, wenn das Werk nach der Ablieferung durch Zufall untergeht, die Lieferung eines neuen Exemplars nicht verlangen kann. Daraus folgt weiter, daß der Verleger von der Pflicht zur Vervielfältigung und Verbreitung frei wird, da ihm die Erfüllung dieser Pflicht unmöglich geworden ist und daß andererseits der Verfasser auch nicht mehr verpflichtet ist, sich der Vervielfältigung und Verbreitung eines Werkes gleicher Art zu enthalten (zu vergl. § 323 des Bürgerlichen Gesetzbuchs). Zweifelhaft kann nur bleiben, ob in Folge des Wegfalls dieser Verpflichtung der Verfasser seinerseits den Anspruch auf die Vergütung verliert. Da jedoch der Verfasser nach der Ablieferung nicht mehr in der Lage ist, das Werk vor der Gefahr des Untergangs zu schützen, so erscheint es im Anschluß an die für den Werkvertrag geltende Vorschrift des § 644 Abs. 1 Satz 1 des Bürgerlichen Gesetzbuchs gerechtfertigt, den Zweifel dahin zu entscheiden, daß mit der Ablieferung des Werkes die Gefahr auf den Verleger übergeht, dieser also trotz des Untergangs des Werkes gehalten bleibt, dem Verfasser die Vergütung zu entrichten. Nach diesen Gesichtspunkten ist in § 37 Abs. 1 des Entwurfs das Verhältniß geordnet.

Bei Anwendung der erörterten Vorschriften soll es nach Abs. 3 der Ablieferung gleichstehen, wenn der Verleger mit der Annahme in Verzug kommt. Dies entspricht der für den Werkvertrag im § 644 Abs. 1 Satz 2 des Bürgerlichen Gesetzbuchs getroffenen Bestimmung.

§ 38.

Stirbt der Verfasser vor der Herstellung des Werkes, so ist diese Leistung in Folge eines nicht von dem Schuldner zu vertretenden Umstandes unmöglich. Denn die Leistung des Verfassers ist eine höchst persönliche und kann durch einen Dritten nicht bewirkt werden. Die Erben des Verfassers werden deshalb in einem solchen Falle von der Verpflichtung zur Leistung frei, dürfen aber auch die Gegenleistung nicht fordern: der Verlagsvertrag ist erloschen. Das Gleiche gilt, wenn der Verfasser stirbt, nachdem ein Theil des Werkes schon hergestellt ist, da den Gegenstand des Vertrags, sofern die Umstände nicht ein Anderes ergeben, lediglich das vollständige Werk bildet. Daß der bereits hergestellte Theil vervielfältigt und verbreitet werde, können also weder die Erben des Verfassers noch die Verleger verlangen. Nur für die Fälle, in denen der hergestellte Theil dem Verleger schon abgeliefert ist, entspricht es dem muthmaßlichen Willen der Betheiligten, daß der Verleger in Ansehung des gelieferten Theiles an dem Vertrage festhalten darf.

Ein Recht, das Werk durch einen Anderen vollenden zu lassen und die Fortsetzung als Bestandtheil eines und desselben Werkes mit dem Namen des ursprünglichen Verfassers zu veröffentlichen, giebt der Entwurf dem Verleger nicht, weil damit die Gefahr verbunden ist, daß der Name des Verfassers zum Nachtheile seines Rufes für die Fortsetzung des Werkes ausgenutzt werde.

Aehnlich wie im Falle des Todes des Verfassers ist die Sachlage, wenn die Vollendung des Werkes in Folge eines sonstigen, nicht von dem Verfasser zu vertretenden Umstandes, beispielsweise in Folge dauernder Krankheit des Verfassers, unmöglich wird.

§ 39.

Vor der Ablieferung des Werkes hat der Verleger in der Regel weder Arbeit noch Kosten aufgewendet, da mit der Vervielfältigung erst nach der Ablieferung begonnen werden kann. Erhebliche Vermögensinteressen stehen mithin, bevor das Werk abgeliefert ist, meist nicht in Frage. Im Wesentlichen ist es nur eine Aussicht auf Gewinn, welche der Verleger durch den Rücktritt verliert. Unter den im Entwurfe vorgesehenen Voraussetzungen erscheint daher die Gewährung des Rücktrittsrechts an den Verfasser unbedenklich. Dagegen kann ihm nach der Ablieferung des Werkes ein Rücktrittsrecht nicht mehr zugestanden werden. Gegen eine solche Erweiterung des Rücktrittsrechts sprechen alle die Gründe, welche für die Uebertragbarkeit des Verlagsrechts geltend zu machen sind. Der Verleger, der sich genöthigt sieht, sein Geschäft oder einzelne Verlagsrechte zu veräußern, darf nicht der Gefahr ausgesetzt werden, daß ihm werthvolle Bestandtheile seines Geschäftsvermögens durch ein Rücktrittsrecht des Verfassers entzogen werden. Namentlich im Konkurse des Verlegers würde dies zu den erheblichsten Mißständen führen. Der Konkursverwalter wäre, um nicht der Gefahr des Rücktritts ausgesetzt zu sein, genöthigt, von einer

Veräußerung der zur Konkursmasse gehörigen Verlagsrechte, insbesondere auch des ganzen Geschäfts, Abstand zu nehmen und statt dessen das Geschäft behufs Verwerthung der Verlagsrechte fortzusetzen. Dadurch würde aber dem Bestreben der neueren Gesetzgebung, die Konkurse möglichst abzukürzen, geradezu entgegengewirkt.

Anderer Art ist das im Abs. 2 vorgesehene Rücktrittsrecht. In den Umständen, unter denen sich der Verfasser zu der Veröffentlichung des Werkes entschlossen hat, tritt nach dem Zustandekommen des Verlagsvertrags nicht selten eine wesentliche Veränderung ein; eine Umgestaltung äußerer Verhältnisse, aber auch ein Wechsel in den eigenen Anschauungen kann es dem Verfasser nahe legen, von der Herausgabe des Werkes Abstand zu nehmen. Mit einer solchen Möglichkeit muß Angesichts der Eigenart des schriftstellerischen und künstlerischen Schaffens von vornherein auch der Verleger rechnen. Die Natur des Vertragsverhältnisses bringt es demnach mit sich, ein Rücktrittsrecht anzuerkennen. Sowohl für das gemeine Recht als für das preußische Landrecht wird in der Literatur mehrfach angenommen, daß es dem Verfasser sogar freistehe, lediglich nach eigenem Ermessen über den Rücktritt zu befinden. Dies führt aber zu einer unbilligen Beeinträchtigung der Rechte des Verlegers. Es erscheint deshalb geboten, den Rücktritt von bestimmten sachlichen Voraussetzungen abhängig zu machen, deren Vorliegen erforderlichen Falles durch richterliche Entscheidung festgestellt werden kann. Wie die Fassung der Vorschrift ergiebt, genügt zur Geltendmachung des Rücktrittsrechts der Umstand nicht, daß etwa für die Person des Verlegers sich Verhältnisse ergeben, die den Verfasser davon abgehalten haben würden, den Vertrag gerade mit diesem Verleger abzuschließen; vielmehr müssen zureichende Gründe dargethan werden, die es rechtfertigen, daß der Verfasser von der Herausgabe des Werkes überhaupt Abstand nimmt. Im Hinblick auf das Interesse des Verlegers soll übrigens das Rücktrittsrecht nur so lange Platz greifen, als mit der Vervielfältigung des Werkes noch nicht begonnen ist. Anderseits steht aber das Recht, wenn der Verleger zur Veranstaltung neuer Auflagen befugt ist, dem Verfasser auch in Ansehung dieser Auflagen zu. Denn auch die neue Herausgabe des Werkes kann mit den persönlichen Interessen des Verfassers in Widerspruch treten. Namentlich trifft dies für wissenschaftliche Werke zu, die durch die Ergebnisse neuer Forschungen unter Umständen überholt sind und gleichwohl dem Verleger in Folge ihres von früher her fest begründeten Ansehens noch weiterhin Gewinn versprechen.

Macht der Verfasser in den Fällen des Abs. 2 von dem Rücktrittsrechte Gebrauch, so entspricht es der Billigkeit, daß er dem Verleger alle Aufwendungen zu ersetzen hat, welche von diesem zum Zwecke der Ausführung des Vertrags bereits gemacht worden sind (§ 39 Absatz 3 Satz 1). Um einem Mißbrauche des Rücktrittsrechts vorzubeugen, sieht der Entwurf (§ 39 Absatz 3 Satz 2) weiter vor, daß der Verfasser, wenn er das Werk später veröffentlicht, dem Verleger zum vollen Schadensersatze verpflichtet ist. Diese Verpflichtung bedarf jedoch einer zeitlichen Begrenzung. Es wäre eine unbillige Härte gegen den Verfasser, wenn ihm überhaupt die Möglichkeit abgeschnitten werden sollte, ein Werk desselben Inhalts später unter vielleicht völlig veränderten Umständen zu veröffentlichen. Der Entwurf bestimmt deshalb, entsprechend einem Vorschlag aus der Mitte der Sachverständigen, die Frist, innerhalb deren dem Verfasser die anderweitige Herausgabe des Werkes untersagt sein soll, auf zwei Jahre.

§ 40.

Die Behandlung des Verlagsverhältnisses im Konkurse des Verlegers bedarf mit Rücksicht auf die Eigenthümlichkeit dieses Verhältnisses einer besonderen Regelung.

Für den Fall, daß das Werk zur Zeit der Eröffnung des Verfahrens noch nicht abgeliefert war, gewährt der § 40 Abs. 3 dem Verfasser das Recht, von dem Vertrage zurückzutreten. Auch hier kommen die Billigkeitsgründe zur Geltung, aus denen der § 39 Abs. 1 ein Rücktrittsrecht in dem Falle anerkennt, daß der Verleger vor der Ablieferung des Werkes sein Verlagsrecht veräußert. Dagegen läßt, wenn zur Zeit der Konkurseröffnung das Werk bereits abgeliefert war, das Interesse des Verlegers und seiner Gläubiger keinen Raum mehr für ein Rücktrittsrecht.

Macht der Verfasser von dem Rücktrittsrechte keinen Gebrauch, so findet der § 17 der Konkursordnung Anwendung. Der Konkursverwalter kann also an Stelle des Verlegers den Vertrag erfüllen und die Erfüllung von dem Verfasser verlangen. Wie § 40 Abs. 1 klarstellt, soll das Gleiche dann gelten, wenn das Werk schon vor der Konkurseröffnung abgeliefert worden war. Denn mit der Ablieferung ist der Vertrag auch von Seiten des Verfassers noch nicht vollständig erfüllt, da dieser verpflichtet bleibt, sich der Vervielfältigung und Verbreitung des Werkes zu enthalten und sie dem Verleger zu gestatten. Die Voraussetzung, von welcher der § 17 der Konkursordnung bei einem zweiseitigen Vertrage das Recht des Verwalters, auf die Erfüllung des Vertrags zu bestehen, abhängig macht, ist daher selbst nach der Ablieferung des Werkes gegeben. Verlangt der Verwalter die Erfüllung, so sind die Ansprüche des Verfassers stets als Masseschulden (Konkursordnung § 59 Nr. 2) anzusehen. Lehnt der Verwalter die Erfüllung ab, so ist diese Erklärung auch dem Gemeinschuldner gegenüber bindend. Weder er noch der Konkursverwalter kann für die Zukunft die Rechte aus dem Vertrag, insbesondere die Befugniß geltend machen, das Werk zu vervielfältigen und zu verbreiten; andererseits ist dann der Verfasser darauf beschränkt, Schadensersatz wegen Nichterfüllung zu verlangen und diesen Anspruch als Konkursgläubiger zu verfolgen (§ 26 der Konkursordnung). Da im Uebrigen das Vertragsverhältniß beendigt ist, so erlischt nach § 10 Abs. 1 des Entwurfs das Verlagsrecht für die Zukunft.

Der Zweck des Konkurses, das zur Masse gehörige Vermögen behufs der Vertheilung an die Gläubiger in geeigneter Weise zu verwerthen, macht es unbedingt erforderlich, daß dem Konkursverwalter, sofern er auf die Erfüllung des Vertrags besteht, die Befugniß zur Veräußerung des Verlagsrechts auch für die Fälle eingeräumt wird, in denen sie durch den Verlagsvertrag dem Gemeinschuldner versagt war (§ 40 Abs. 2 Satz 1). Der Konkursverwalter wäre sonst genöthigt, die zur Konkursmasse gehörigen Verlagsrechte durch die Fortsetzung des Verlagsgeschäfts auszunutzen. Das Konkursverfahren könnte dann erst aufgehoben werden, wenn die mit den einzelnen Verfassern bestehenden Verlagsverhältnisse sämmtlich beendigt wären. Eine derartige Verschleppung des Verfahrens widerspricht aber dem Interesse sämmtlicher Betheiligten und dem allgemeinen wirthschaftlichen Bedürfniß einer raschen Erledigung der Konkurse. Auf Grund solcher Erwägungen hat bereits das geltende Recht für ähnliche Fälle mehrfach vorgeschrieben, daß rechtsgeschäftliche Verfügungsbeschränkungen, welche außerhalb des Konkurses auch im Verhältnisse zu Dritten wirksam sind, gegen die Konkursmasse nicht wirken (Konkursordnung § 16 Abs. 2 in Verbindung mit § 751, § 2044 Abs. 1 des Bürgerlichen Gesetzbuchs). Uebrigens läßt sich der Zweck, die Abwickelung des Konkursverfahrens von der Dauer der zur Masse gehörenden Verlagsrechte unabhängig zu machen, nur erreichen, wenn weiterhin bestimmt wird, daß im Falle der Veräußerung der Verlagsrechte die Verfasser sich mit ihren Ansprüchen aus dem Vertragsverhältniß an den Erwerber zu halten haben (§ 40 Abs. 2 Satz 2), während die Konkursmasse, wenn der Erwerber die Vertragsverpflichtungen nicht erfüllt, dem Verfasser nur wie ein Bürge für den Schaden haftet (§ 40 Abs. 2 Satz 3). Durch diese Haftung der Masse wird aber, sofern nur die danach dem Verfasser zustehenden Ansprüche sichergestellt werden, die Beendigung des Verfahrens nicht gehindert (§ 40 Abs. 2 Satz 3).

§§ 41, 42.

Im Anschluß an die verwandten Vorschriften im § 327 und im § 636 Abs. 1 Satz 1 des Bürgerlichen Gesetzbuchs bestimmt der § 41 Satz 1, daß in den Fällen, für welche der Entwurf ein gesetzliches Rücktrittsrecht gewährt, die Vorschriften entsprechende Anwendung finden, die nach dem Bürgerlichen Gesetzbuche für das vertragsmäßige Rücktrittsrecht gelten.

Vermöge dieser Vorschriften (§§ 346 bis 356 des Bürgerlichen Gesetzbuchs) beschränkt sich die Wirkung des Rücktritts nicht darauf, daß das durch den Vertrag begründete Schuldverhältniß für die Zukunft aufgehoben wird; vielmehr wird der Vertrag auch für die Vergangenheit rückgängig gemacht. Diese letztere Folge liegt indessen, wenn zu der Zeit, in welcher der Rücktritt erklärt wird, das Werk schon ganz oder zum Theil abgeliefert ist, häufig nicht in der Absicht der Parteien; auch ist es unter solchen Umständen vielfach kaum möglich, Alles, was auf Grund des Vertrags bereits vorgenommen ist, rückgängig zu machen. Namentlich muß, wenn im Falle des § 36 der Verfasser das Rücktrittsrecht für die späteren Auflagen ausübt, der Versuch, die Wirkung auf die schon verbreitete Auflage auszudehnen, regelmäßig zu einer verwickelten Abrechnung führen, aus der sich eine sachgemäße Lösung nicht ergeben kann. In welchem Umfang aber der Vertrag trotz des Rücktritts aufrecht zu erhalten ist, hängt von den Umständen ab.

§§ 43, 44.

Daß der Mangel des Urheberrechts auf Seiten des Verfassers die Gültigkeit des Verlagsvertrags nicht berührt, ist bereits in der Begründung zu § 9 bemerkt (S. 28). Dabei macht es keinen Unterschied, ob Gegenstand des Vertrags zwar ein an sich geschütztes Werk ist, das Urheberrecht an dem Werke aber einem Anderen als dem Verfasser zusteht, oder ob an dem in Verlag gegebenen Werke ein Urheberrecht überhaupt nicht besteht, beispielsweise, weil die Schutzfrist für das Werk bereits abgelaufen ist. In dem einen wie in dem anderen Falle haftet der Verfasser dem Verleger gleichwohl gemäß § 9 für die Verschaffung des Verlagsrechts, es sei denn, daß dem Verleger der Mangel im Rechte des Verfassers bei dem Abschlusse des Vertrags bekannt war. Die Verpflichtung des Verfassers zur Verschaffung des Verlagsrechts muß aber der Natur der Sache nach wegfallen, wenn nach der Absicht der Parteien Gegenstand des Vertrags ein Werk sein soll, an dem ein Urheberrecht nicht besteht (§ 43 Abs. 1). Auch in diesem Falle liegt ein Verlagsvertrag im Sinne des § 1 vor. An Stelle jener Verbindlichkeit darf dem Verfasser auch hier nicht die Verpflichtung auferlegt werden, dafür einzustehen, daß das Werk nicht bereits anderweit in Verlag gegeben oder veröffentlicht worden ist. Denn in zahlreichen Fällen kann der Verfasser dies gar nicht feststellen, so wenn es sich um eine neu aufgefundene Handschrift aus alter Zeit handelt. Nur dann, wenn der Verfasser arglistig verschweigt, daß das Werk bereits anderweit in Verlag gegeben oder veröffentlicht worden ist, verlangen Treu und Glauben, daß er dem Verleger nach Maßgabe der Vorschriften des bürgerlichen Rechtes haftet, welche für die dem Verkäufer wegen eines Mangels im Rechte obliegende Gewährleistungspflicht gelten (Bürgerliches Gesetzbuch §§ 440, 442). Dies bestimmt der Entwurf im § 43 Abs. 2. Weiterhin liegt es aber im Sinne des Vertrags, daß der Verfasser nicht mit dem Verleger bezüglich des

Werkes in einen gegen Treu und Glauben verstoßenden Wettbewerb tritt. Deshalb schreibt der Entwurf im § 43 Abs. 3 Satz 1 vor, daß sich der Verfasser der Vervielfältigung und Verbreitung des Werkes gemäß den Vorschriften des § 2 in gleicher Weise zu enthalten hat, wie wenn an dem Werke ein Urheberrecht bestände. Diese Verpflichtung bedarf jedoch mit Rücksicht auf die besondere Lage der in Betracht kommenden Verhältnisse einer zeitlichen Begrenzung. Zufolge der Veröffentlichung des Werkes ist jeder Dritte im Stande, alsbald einen weiteren Abdruck vorzunehmen. Es wird daher zur Wahrung der Interessen des Verlegers vollständig genügen, wenn dem Verfasser eine anderweitige Vervielfältigung und Verbreitung des Werkes nur bis zur Veröffentlichung und noch eine kurze Zeit nachher untersagt wird. Demgemäß soll, wie der § 43 Abs. 3 Satz 2 vorsieht, Mangels einer abweichenden Bestimmung des Vertrags die Gebundenheit des Verfassers aufhören, wenn seit der Veröffentlichung des Werkes durch den Verleger sechs Monate abgelaufen sind.

Die Vorschriften des § 44 rechtfertigen sich gleichfalls durch die eigenartigen Zwecke, welchen der über ein gemeinfreies Werk geschlossene Verlagsvertrag dient. Da ein gemeinfreies Werk von Jedermann vervielfältigt und verbreitet werden darf, so steht dem Verleger auch schon vor dem Abschlusse des Verlagsvertrags über ein solches Werk dem Rechte nach die Befugniß zur Herausgabe des Werkes zu. Er ist aber zur Ausübung dieser Befugniß erst im Stande, wenn ihm eine Handschrift des Werkes zur Verfügung steht. Durch den Verlagsvertrag über ein gemeinfreies Werk wird daher dem Verleger nur die thatsächliche Möglichkeit gewährt, eine Vervielfältigung vorzunehmen, zu der er dem Rechte nach ohnehin befugt wäre. Daß er durch den Verlagsvertrag diese ihm wie jedem Dritten zustehende Befugniß habe beschränken wollen, läßt sich nicht ohne Weiteres annehmen. Auch dem Verfasser wird es regelmäßig nicht darauf ankommen, einen weiteren Abdruck des Werkes, der in Folge der Veröffentlichung von jedem Dritten vorgenommen werden kann, gerade dem Verleger zu verwehren; sein Interesse richtet sich, abgesehen von der etwaigen Vergütung, lediglich darauf, daß das Werk zur Veröffentlichung gelangt. Dem Sinne des Vertrags wird es daher entsprechen, daß der Verleger hinsichtlich der Zahl der herzustellenden Abzüge und Auflagen im Allgemeinen nicht beschränkt wird, sowie daß ihm die Befugniß bleibt, das Werk, nachdem es vertragsmäßig veröffentlicht worden ist, in abgeänderter Form, namentlich in Uebersetzung, herauszugeben (§ 44 Satz 1). Eine Abweichung von dieser Regel kann jedoch in der Absicht der Parteien liegen, und eine solche Absicht ist stets anzunehmen, wenn die Herstellung neuer Auflagen oder weiterer Abzüge von der Zahlung einer besonderen Vergütung abhängig ist (§ 44 Satz 2).

§ 45.

Werden Beiträge für eine Zeitung, eine Zeitschrift oder ein sonstiges periodisches Sammelwerk geliefert, so kann dies im Wege eines wirklichen Verlagsvertrags geschehen. Häufig wird es sich aber nicht um einen solchen, sondern nur darum handeln, daß der Verfasser einfach die Erlaubniß zur Vervielfältigung und Verbreitung gewährt. Im ersten Falle greifen die allgemeinen Grundsätze Platz, wonach der Verfasser einerseits zur Vervielfältigung und Verbreituag verpflichtet ist, andererseits ein ausschließliches Recht an dem Beitrage zu beanspruchen hat. Im zweiten Falle bleibt es dem Verleger überlassen, ob er den Beitrag veröffentlichen will; ein ausschließliches Recht erlangt er nicht, vielmehr steht es dem Verfasser frei, den Beitrag sofort anderweitig zu verwerthen. Bei dem Zusammenhange, welcher zwischen dem zuletzt bezeichneten Rechtsverhältniß und dem Verlagsvertrage vielfach besteht, erscheint es sachgemäß, den Gegenstand im Rahmen des vorliegenden Entwurfs gleichfalls zu regeln. In diesem Sinne sieht der § 45 vor, daß die Bestimmungen des Gesetzes mit den Einschränkungen, die sich aus den in den §§ 46 bis 50 getroffenen Sondervorschriften ergeben, auf alle Fälle Anwendung finden, in denen für ein periodisches Sammelwerk Beiträge angenommen werden.

§ 46.

Wird einer Zeitung oder einem sonstigen periodischen Sammelwerk ein Beitrag zum Abdruck überlassen, so kann daraus allein nicht gefolgert werden, daß der Verfasser sich in Ansehung seiner Rechte an dem Beitrag irgend welchen Beschränkungen unterwerfen, daß er insbesondere dem Verleger des Sammelwerkes die ausschließliche Befugniß zum Abdruck einräumen wolle. Für Beiträge, deren Abdruck nach § 17 des Entwurfs eines Gesetzes über das Urheberrecht zulässig ist, weil sie zu den Tagesneuigkeiten oder vermischten Nachrichten gehören, darf in der Regel ohne Weiteres das Gegentheil angenommen werden. Aber auch in Ansehung sonstiger Beiträge ist, soweit nicht aus den Umständen sich ein Anderes ergiebt, davon auszugehen, daß das Verfügungsrecht dem Verfasser verbleiben soll. Immerhin werden nicht selten die Umstände so liegen, daß sie die Absicht des Verfassers darthun, dem Verleger das ausschließliche Recht an dem Beitrag einzuräumen. Dahin gehören namentlich die Fälle, in denen der Verfasser, sei es auch erst nachträglich, eine Vergütung für den Beitrag entgegennimmt oder den Beitrag an eine Zeitung giebt, von der bekannt ist, daß sie die Einräumung des ausschließlichen Rechtes ein für allemal in ihren Bedingungen vorgesehen hat. Dem entsprechend regelt der § 46 Abs. 1 des Entwurfs die Frage.

Ist einmal dem Verleger das ausschließliche Recht an dem Beitrag gewährt worden, so hat der Verfasser die Pflicht, sich der Vervielfältigung und Verbreitung gemäß § 2 des Entwurfs zu enthalten. Was die zeitliche Dauer dieser Pflicht betrifft, so ist bei nicht periodischen Sammelwerken jede Verbreitung des einzelnen Beitrags geeignet, den Vertrieb des Gesammtwerkes zu schädigen. Dem Verfasser muß es darum, von dem Ausnahmefalle des § 3 abgesehen, während der ganzen Dauer des Vertragsverhältnisses verwehrt bleiben, ohne Genehmigung des Verlegers den Beitrag anderweit zu verwerthen. Bei periodischen Sammelwerken liegen die Verhältnisse anders. Ist die Zeitung, die Zeitschrift, der Kalender, das Taschenbuch zu der bestimmten Zeit erschienen und verbreitet, so pflegt später kein erheblicher Absatz mehr stattzufinden. Der Vertrieb des Sammelwerkes wird deshalb durch einen anderweitigen Abdruck des einzelnen Beitrags jedenfalls dann nicht beeinträchtigt, wenn der Abdruck erst eine gewisse Zeit nach dem Erscheinen des Sammelwerkes erfolgt. Es fehlt an einem zureichenden Grunde, den Verfasser auch unter solchen Umständen noch bei seiner Verbindlichkeit festzuhalten. Dem entsprechend gestattet bereits der § 10 des Gesetzes, betreffend das Urheberrecht, vom 11. Juni 1870 dem Urheber, einzelne Aufsätze, Abhandlungen ꝛc., welche in periodischen Werken, wie Zeitschriften, Taschenbüchern, Kalendern, erschienen sind, auch ohne Einwilligung des Herausgebers oder Verlegers nach zwei Jahren, vom Ablaufe des Jahres des Erscheinens an gerechnet, anderweit abzudrucken. Die Vorschrift hat sich im Allgemeinen bewährt und wird, da sie ihrer Natur nach dem Verlagsrecht angehört, nunmehr vom Entwurfe (§ 46 Abs. 2) übernommen. Dabei kann der zweijährige Zeitraum des geltenden Gesetzes zu Gunsten des Verfassers um ein Jahr verkürzt werden; gegenüber den Verhältnissen des heutigen Verkehrs ist nicht zu besorgen, daß diese Aenderung die Interessen der Verleger irgendwie schädigen könnte.

§ 47.

Die §§ 5 bis 8, 19 des Entwurfs gestatten keine Anwendung auf das Verhältniß des Verlegers eines periodischen Sammelwerkes zu seinen Mitarbeitern. Ein solches Sammelwerk erscheint nicht in Auflagen. Namentlich werden Zeitungen und Zeitschriften sofort in der nöthigen Zahl gedruckt. Neudrucke werden, wenn sie überhaupt vorkommen, jedenfalls unverändert hergestellt. Aehnlich verhält es sich bei Kalendern und Taschenbüchern. Der bestehenden Uebung gemäß bestimmt daher der Entwurf, daß hier der Verleger in der Zahl der herzustellenden Abzüge nicht beschränkt ist. Zur Veranstaltung einer Sonderausgabe einzelner Beiträge ist aber der Verleger ohne Genehmigung des Verfassers nicht berechtigt. Es folgt dies aus § 4, dessen Wirksamkeit durch den § 47 nicht berührt wird.

§ 48.

Die hier gegebene Vorschrift schränkt den § 16, der dem Verleger untersagt, irgend welche Aenderungen an dem Werke vorzunehmen, für den Fall ein, daß der Beitrag ohne Namen des Verfassers erscheinen soll. Diese Einschränkung ist durch die Besonderheiten des Verlags periodischer Sammelwerke, namentlich des Zeitungsverlags, geboten. Ist beispielsweise für eine Zeitung oder Zeitschrift eine besondere Art der Rechtschreibung üblich, so muß der Verleger in der Lage sein, diese gleichmäßig auf alle Beiträge anzuwenden, die nicht unter dem Namen ihrer Verfasser erscheinen. Es dürfen ferner die mit Rücksicht auf den Zweck des Sammelwerkes erforderlichen Aenderungen der Fassung, wozu auch Kürzungen der Darstellung u. dgl. gehören, dem Verleger nicht verwehrt werden. Soll ein Beitrag unter dem Namen des Verfassers erscheinen, so bewendet es bei der Vorschrift des § 16.

§ 49.

Im Verhältnisse zu den §§ 17, 18, 35 werden hier die Rechte des Verfassers theils eingeschränkt, theils erweitert. Die Vorschriften, wonach der Verleger zur Vervielfältigung und Verbreitung des Beitrags verpflichtet ist und mit der Vervielfältigung alsbald nach dem Empfange des vollständigen Werkes zu beginnen hat, sind für Zeitungen, Zeitschriften und sonstige periodische Sammelwerke nicht ohne Weiteres anwendbar. Wenn der Verleger einen ihm zugesandten Beitrag entgegennimmt, so ist deshalb allein noch nicht die Folgerung berechtigt, daß er sich zur Wiedergabe des Beitrags in dem Sammelwerke verpflichten will. Zudem ist der Verleger regelmäßig gar nicht in der Lage, hinsichtlich der Zeit der Veröffentlichung des Beitrags eine bestimmte Verbindlichkeit einzugehen. Auf der anderen Seite ist es aber, falls der Verleger eine solche Verpflichtung nicht übernommen hat, mit der Billigkeit unvereinbar, daß er dem Verfasser die Verfügung über den Beitrag selbst dann vorenthalten darf, wenn die Veröffentlichung innerhalb absehbarer Zeit ausgeschlossen ist oder wenn sie völlig unterbleibt. Der Entwurf (§ 49 Abs. 1 Satz 1) giebt deshalb dem Verfasser für den Fall, daß der Beitrag nicht innerhalb zweier Jahre nach der Ablieferung an den Verleger veröffentlicht wird, das Recht zur Kündigung des Vertragsverhältnisses. Macht der Verfasser von diesem Rechte Gebrauch, so soll er gleichwohl wie in den Fällen des § 20 den Anspruch auf die Vergütung behalten (§ 49 Abs. 1 Satz 2). Seine Lage wird hierdurch günstiger, als wenn er auf das ihm nach § 35 zustehende Rücktrittsrecht angewiesen wäre.

Ist dem Verfasser der Zeitpunkt, in welchem der Beitrag erscheinen soll, von dem Verleger bezeichnet worden, so verbleibt es bei der Regel, daß der Verfasser die Vervielfältigung und

Verbreitung oder nach Maßgabe der allgemeinen Grundsätze Schadensersatz wegen Nichterfüllung verlangen kann (§§ 49 Abs. 2).

§ 51.

Besondere Schwierigkeiten bereitet die Abgrenzung und rechtliche Behandlung solcher Veröffentlichungen, die sich nicht nur in gewerblicher, sondern auch in literarischer Hinsicht als ein von dem Verleger ausgehendes Unternehmen darstellen. Dahin gehören zunächst die Fälle, in denen der Verleger die Ausarbeitung nach einem von ihm entworfenen und durchgearbeiteten Plane bei dem Verfasser bestellt, welch letzterer dann nur als Organ für die literarische Ausführung dient (Preußisches Allg. Landrecht I, 11 §§ 1021, 1022; Oesterreichisches bürgerliches Gesetzbuch § 1170; Schweizerisches Obligationenrecht Art. 391). Nach den Bestimmungen des Gesetzentwurfs über das Urheberrecht ist auch in einem solchen Falle als der Urheber des Werkes der Verfasser, nicht der Verleger anzusehen. Jener ist aber auf Grund des mit dem Verleger geschlossenen Vertrags verpflichtet, diesem die Ausnutzung seines Urheberrechts zu überlassen. Im Uebrigen hängt es von den näheren Bestimmungen des Vertrags ab, ob die Uebertragung des ganzen Urheberrechts oder die Begründung desjenigen Rechtsverhältnisses gewollt ist, welches in dem Verlagsvertrage seinen Ausdruck findet. Allerdings erschöpft sich bei einem derartigen Vertrage das Interesse des Schriftstellers meist in der Vergütung, während umgekehrt für den Verleger die Bedürfnisse des Verlagshandels hier eine weit freiere Verfügung über das Urheberrecht fordern, als der Verlagsvertrag sie gewährt. In der Regel werden deshalb für das Rechtsverhältniß nicht die Bestimmungen dieses Gesetzes, sondern die Vorschriften des Bürgerlichen Gesetzbuchs über den Werkvertrag und den Kauf (zu vergl. § 651 des Gesetzbuchs) maßgebend sein. Die Frage, wie im Einzelfalle der Vertrag rechtlich zu beurtheilen ist, kann jedoch im Gesetze nicht allgemein entschieden werden. Der Entwurf (§ 51 Abs. 1) begnügt sich deshalb mit der Bestimmung, daß in den bezeichneten Fällen im Zweifel, also wenn aus den Umständen nicht eine andere Absicht der Parteien erhellt, der Besteller des Werkes zur Vervielfältigung und Verbreitung nicht verpflichtet ist. Hiermit wird, da die letztere

Verpflichtung einen wesentlichen Bestandtheil des Verlagsvertrags bildet, ohne Weiteres klar gestellt, daß auf einen solchen Vertrag im Zweifel die Bestimmungen des Entwurfs keine Anwendung finden.

Die gleichen Erwägungen treffen zu für die Fälle, in denen ein Schriftsteller nur zur Mitarbeit an encyklopädischen Unternehmungen oder zu Hülfs- oder Nebenarbeiten für das Werk eines Anderen oder für ein Sammelwerk herangezogen wird. Auch hier ist, wie der § 51 Abs. 2 des Entwurfs vorsieht, im Zweifel ein Verlagsvertrag nicht anzunehmen.

A. W. Hayn's Erben, Berlin und Potsdam.

FSC
www.fsc.org
MIX
Papier | Fördert
gute Waldnutzung
FSC® C083411

Kolibri 360 GmbH
Ferdinand-Jühlke-Straße 7
99095 Erfurt, Deutschland
produktsicherheit@kolibri360.de